高倍速阅读法

[美]保罗·R. 席列（Paul R. Scheele）著

佳永馨璃　译

中信出版集团

图书在版编目（CIP）数据

高倍速阅读法 / (美) 保罗·R.席列著；佳永馨璃
译. -- 北京：中信出版社，2017.8（2024.5重印）
 ISBN 978-7-5086-7409-4

Ⅰ.①高… Ⅱ.①保… ②佳… Ⅲ.①读书方法
Ⅳ.①G792

中国版本图书馆CIP数据核字(2017)第063784号

高倍速阅读法

著　　者：[美]保罗·R.席列
译　　者：佳永馨璃
出版发行：中信出版集团股份有限公司
　　　　　(北京市朝阳区东三环北路27号嘉铭中心　邮编　100020)
承印者：　北京通州皇家印刷厂

开　　本：880mm×1230mm 1/32　　印　　张：7.75　　字　　数：144千字
版　　次：2017年8月第1版　　　　印　　次：2024年5月第19次印刷
书　　号：ISBN 978-7-5086-7409-4
定　　价：42.00元

目录
contents

7 能够真正颠覆你阅读思维的，也许只有PhotoReading

琦琦

11 影像阅读法登陆中国　　　　　　　　　　　　神田昌典

15 "颠覆你以往的常识，欢迎进入全新阅读法！"

保罗·R.席列

PART
01 更 宽广的
人生选择

第一章｜影像阅读法是如何诞生的

009 · 学会影像阅读法，你也能做到这些

第二章｜继续执着于旧有的阅读方法？还是……

017 · 我的未来我做主

018 · 摆脱旧有的习惯

020 · 勇于尝试新的学习方法

021 · 1分钟之内无法读完60页

023 · 为了成功，尝试一些出其不意的新方法

023 · "做不到"这个借口已经行不通了

024 · 旧的不去新的不来

026 · 这就是影像阅读·全脑思维系统

031 · 影像阅读法：惊人的成功实例一

PART 02 学习影像阅读·全脑思维系统

第三章｜步骤一：准备

034 · 明确目的

038 · 阅读时的"理想的心理状态"——进入集中学习模式

041 · 如何在30秒内进入集中学习模式

041 · "橘子集中法"的由来

044 · 小结

第四章｜步骤二：预习

046 · 了解概况

048 · 评价是否符合阅读目的

049 · 决定是否阅读

049 · 预习的重要性

050 · 小结

第五章 | 步骤三：影像翻阅

053 · 准备工作

053 · 进入快速学习模式

055 · 开始时的自我肯定

056 · 进入摄像焦点状态

063 · 保持稳定的状态，有节奏地翻页

065 · 结束时的自我肯定

067 · 睡前的影像翻阅

067 · 小结

第六章 | 步骤四：复习

070 · 调查

071 · 寻找触发词

072 · 提问

第七章 | 步骤五：激活

078 · 生产性休息

079 · 重审问题

081 · "超读＋摘读"、"跳读"

091 · 绘制思维导图

096 · 高速阅读

100 · 影像阅读系统是这样运作生效的

104 · 来做一个"5天测试"吧

106 · "自然激活"

107 · 影像阅读法：惊人的成功实例二

PART 03 活 用这些技巧，熟练掌握它们吧！

第八章｜将影像阅读·全脑思维系统运用到生活中去

111 · 立即可用的5个时间管理法

112 · 用影像阅读法阅读不同种类的文章

第九章｜用影像阅读·全脑思维系统来学习

121 · 应用到学校的课堂和各种讲座中

125 · 使用全脑模式应对考试

第十章｜终身学习的极致阅读法——同主题阅读法

128 · 同主题阅读法的威力

130 · 同主题阅读法的10个步骤

136 · 同主题阅读法包含了数百位作者的心血

137 · 具体想象这10个步骤

第十一章│最强大的商务工具——利用团队激活共享信息

141 · 团队式激活

146 · 在商业之外的场合应用此方法

147 · 召集更多的伙伴进行影像阅读

第十二章│积累经验，丰富影像阅读法的体验

150 · 强化视觉和脑部的连接

151 · 请试着训练自己的视觉

151 · 扩大周边视野

154 · 如何进入身心放松的精神集中状态

157 · 明确目的

第十三章│唤醒沉睡的"天才"——直接学习法

162 · 体验直接学习法的奇迹

164 · 直接学习法的步骤

167 · 开启天赋模式

170 · 唤醒你的直觉

172 · 完善这个技能

175 · 如何使用影像阅读·全脑思维系统

第十四章｜影像阅读·全脑思维系统的真谛

177 ・ 最终选择权在你手中

180 ・ 全新剧本，结语

182 ・ 影像阅读法：令人惊异的成功实例三

184 ・ 影像阅读法：日本的成功案例

187 ・ 复习指南

193 ・ 致谢

194 ・ 附录

226 ・ 参考文献

序

能够真正颠覆你阅读思维的，也许只有PhotoReading

琦琦　行动派创始人

很多年以后，若要问我年轻的时候做过什么特别的事，也许我会热泪盈眶地说，我很庆幸把影像阅读（PhotoReading）这个世界上最顶尖的快速阅读系统带进了中国。我能够看到在我热爱的这个国家，很多人因此重新认识阅读、认识自己，而后爱上阅读、步入一个全新、高效的人生。

我的好搭档王超是个北京人，为了这份阅读事业，他放弃了北京安稳优渥的生活。我曾经问过他为什么会如此选择，他说在巴黎留学的时候，总是能够在日常生活中时刻感受到学习和阅读的氛围。坐地铁时，很多人捧着kindle（电子阅读器）或是书和报纸翻阅；去咖啡厅和朋友会面时，发现朋友正捧着书等他。这种氛围和习惯一直影响着他，直到年初回国。

在国内坐地铁、坐公交的时候，他曾粗略地观察过，目光所及之处20余人，无一例外地都在玩手机。刷微信、看剧、玩游戏、浏览娱乐新闻……竟然没有一个人在阅读或者学习！

还有一次，在拥挤的地铁上，他特意观察了旁边的一位男士。大概在30秒的时间内，他完成了掏出手机、刷朋友圈、机械式地下拉页面、点开九宫格的照片、浏览、点赞、放回手机这一系列步骤。10秒后，他再次拿出手机，重复完成了以上步骤。

其实，这在我们的日常生活中很常见，但对比之下，便感到震撼了。

王超说，有时候，他还会忽然担忧孩子的未来。事实上他并没有孩子，甚至还没有结婚，但是他和很多为人父母一样有着相似的顾虑："我的孩子现在或者未来的成长环境是什么样的？他周围的小朋友平时会读书吗？还是会在坐地铁的时候看到周围的人们都在玩手机？"

这个思考让他最终决定投身阅读传播事业，他希望通过自己的努力将阅读的乐趣和方法传递给更多的人。他曾说过："虽然我们每个人都很渺小，但我们依然是有力量的。这份力量不足以影响整个社会，却可以切实影响我们身边的一个人、两个人、三个人……"

这是王超的初心，也代表了我们将影像阅读进行到底的决心。最终我们都希望不仅为自己，也为下一代甚至更多人，去创造一个有阅读氛围的大环境。

在东京第一次接触影像阅读的时候，我曾惊叹人类获取信息的速度竟能如此之快。尽管在此之前已自诩为一名阅读达人，我依然无法想象自己竟然可以在更短的时间内消化和吸收一本书。这个方法让我第一次觉得看书如有神助，而且书中的逻辑如此之清晰，每一个思考点、每一个分支都迅速地在脑海里深耕，然后在表达时让你能够如数家珍，仿佛置身书中，对所有的脉络都一清二楚。

那一刻，我被震撼到了，对大脑、对潜力，有了全新的认识。这个学习带来的变化绝不仅仅是阅读本身，更多的是你从小到大被限制的思维。这些限制会在你体验到超速阅读快感的时候逐渐瓦解。而这，才是这个阅读系统对你人生真正的影响。

在我把这个学习系统带入中国之前，《高倍速阅读法》这本书就已经畅销50万册了，这是一个惊人的数字，也代表着还有那么多热爱阅读、想要提高阅读能力的人，翘首以盼地期待从书中学到更多。在这个人人都在刷手机、刷快信息的时代，这本书的再版有着特别重要的意义。在体验到信息的高速传播后，我们会发现，一切有深度的信息依然存在于书中，而且显得越发珍贵。能够在最短的时间内捕捉更多的信息，就是你在社会上最大的竞争力之一，也是最有效的时间管理和自我成长方式。

在这样的时代，我们看到了许多通过知识分享获得高速成长的人士，比如在视频中解读经典好书的罗振宇，通过拆书写作成为干

---

① IP是Intellectual Property（知识产权）的缩写，特指具有长期生命
和商业价值的跨媒介内容运营。——编者注

货大神的彭小六等。众多被称为知识型IP①的人物正在崛起，"知识"在这个时代终于再次获得尊重并蕴含无限的商业价值。也因此，阅读能力成了这个时代最有价值的竞争力，而我们很荣幸，不仅见证了这样的时代，还置身其中推动阅读的传播和发展。

我期待着这本书带给大家的震撼，期待着它打破你现有的固化的"小学生式的阅读思维"，更期待它带你踏上高速阅读的快车，享受阅读对你人生带来的影响：扑面而来、惊天动地。

中文版序

影像阅读法登陆中国

神田昌典

2016年7月，我在北京和广州分别做了一场有关影像阅读法的公开演讲，在场观众一致认为"以一秒钟阅读一页的速度是不可能理解一本书的内容的"。直觉告诉我，这个观点一定会不攻自破。当你介绍一个新概念的时候，若是能得到良好的反响，那只能算是小有成就，但若是引发褒贬不一的争论，往往能够大获成功。

正如预想的那样，广州演讲结束后，以"PhotoReading超速阅读课"为话题的微博，浏览量达到了780 000；演讲结束当天，浏览量持续增加并超过1 000 000；一个月后，这一数字达到了7 000 000。紧接着，随着8月26日在深圳举办的为期三天的讲座正式开幕，越来越多的人表示出对影像阅读的兴趣，两天后，这一话题的浏览量超过了12 000 000。

这是我第二次亲身经历影像阅读法的魅力了。第一次是在日本。2001年，《高倍速阅读法》日文版一经推出，销量瞬间突破20万，成为年度畅销书籍，日本国内迅速掀起一股影像阅读法学习热潮。

随着影像阅读法在日本的推广，被它所吸引的不仅仅是读书的人，还有写书的人。日本经济评论家胜间和代老师曾在《让效率提升10倍的Google化知性生产技巧》《一切都是最好的安排——战略性掌控命运的胜间式4原则》等大量书籍中推荐过影像阅读法；曾担任亚特兰大奥运会、悉尼奥运会心理教练的福岛大学的白石丰教授，也向自己研究班的学生推荐了影像阅读法；将行动科学法带入日本的著名学者石田淳先生，《镜子法则》的作者野口嘉则先生都是资深的影像阅读者。这些将影像阅读法运用于实际工作的专家们，能在短时间内吸收大量新知识，并结合自己原有的知识与体验，创造新知识，从而不断推出畅销书籍。

若是单纯提高阅读速度，那便与迄今为止的速读法没有什么区别。这正是影像阅读法与其他速读法、学习法的不同之处。影像阅读不仅仅是将信息的输入加速化，同时也将信息的输出加速化。

影像阅读法是由拥有变化与领导权领域博士学位的美国人保罗·席列所开发，1986年受美国运通公司委托所开发的这一学习法，如今已在全球拥有100万以上的实践者，是最为普及的速读法之一。

"影像阅读法"这个名称可能会让人误以为是一种能够让每一页书如同照片一般刻画在头脑中的读书法。实际上，那种"超能力"的方法并不存在。影像阅读法的全名叫作"影像阅读·全脑思维系统"，是一种通过活用大脑整体机能将学习分为5个步骤完成的体系，"影像翻阅"是其中的第三步。通过将一本书从前到后以一定的速度浏览，即便是不大容易阅读的专业书籍也能熟稔于心。

在书店或是图书馆随手拿起一本书时，我们通常会一页页地翻看，这个动作便是影像翻阅。也就是说，实际上你已经在无意识中使用了影像阅读法。如果每个人都能将无意识使用的读书技能有意识地按适当的顺序使用，那么大家都可以在短时间内明显地提升信息处理的速度。

《高倍速阅读法》正是一部将此方法论循序渐进、细致解说的"圣经"。尽管此书写成已将近25个年头，但作为应用于学习研究的实用书籍，经久不衰，常读常新。

在我31岁初读这本书的时候，我对于这种革新的学习法并非完全相信。这种不知意义的快速翻书，与以往的读书法完全不同。不论给予怎样详细而科学的说明，我都有一种抵触心理。但是，"如果快速阅读法真的有用的话，没有阅读的文件可以短时间处理完，整理工作提案书的速度也能够变快，多余的时间或许能和家人在一起度过……"，这样的想法一直在我脑海中徘徊。

经过几年的考虑之后，我毅然决定前往美国，去参加有关影像阅读法的研讨会。之后我便后悔自己没有早一点学习影像阅读法。

学习影像阅读法之后，我的日常工作在质和量上都得到了提高。通过事先在短时间内获取知识，整理出高质量的问题，我开始从事采访各界精英人士的工作；由于不再抵触外文书籍，我开启了每个月介绍两本最新外文原版书的活动；由于能够轻松挑战新技术，我开始涉足音乐与电视节目制作以及长篇小说的创作等领域。

我的收入也与我所阅读的书籍数量一样，获得突飞猛进的增长。

这是一个"信息就是财富"的时代，也是一个"信息不一定能产生附加值"的时代。只是搜集和整理信息的话，初中生也能做到。那么，在如今这个信息基础设施已经完备的新时代中，除搜集信息以外，要在实际体验及现有知识的基础上，用自己储备的知识对搜集来的信息进行分析、反复编辑后，再创造出新的知识。并通过实践进行验证，得出结果后方能创造附加价值。也就是说，我们已经跨入知识创造的时代。在这个时代，照搬别人的想法已经远远不够，必须在不同见解中找到共鸣之处，提出不同于以往的独特思路，将其转化为行动并得出结果。让信息处理速度飞速提升的影像阅读法，正是人类跨入新时代的必备技能。

快速阅读法讲座初次在中国公开举办之际，观众并没有完全接受，幸运的是，我们拥有一位能够包容差异、解除疑惑的指导者——青年学习型社群行动派的创始人——琦琦。我从保罗·席列博士那里接力，经过日本，如今又联合行动派的力量将影像阅读法带到中国。

人类的进化常常始于拥有新的力量，就像过去我们开始使用火、机械、计算机一样。如今通过影像阅读法，我们终于开始学习大脑的使用方法。大家没有必要相信影像阅读法，但是也没有必要否定它。只需要对影像阅读法以及自己所拥有的巨大可能性有一丁点的好奇心，那就足够了。

那么接下来，请诸位带着好奇心翻开通向未来的一页吧！

序

"颠覆你以往的常识，欢迎进入全新阅读法！"

保罗·R.席列

影像阅读法不只是一种速读法。

影像阅读法将激发你的才能。

这种颠覆常规的阅读方法的学习，将成为帮你打开脑库资源大门的"学习体验"。

如今，遍布全球的互联网中充斥着大量的信息，而我们的生活越来越忙碌，根本无法处理如此繁复的信息。所以要在当今的时代中生存下去并获得成功，需要掌握能够成倍提升信息处理和学习速度的新技能。

为了实现这种可能，影像阅读法使用了人类已知范围内最高级的信息处理机器。是的，那就是我们的"大脑"。

本书想要传递的是一种能够激活全脑的具体实践型方法。再次重申，影像阅读法不仅是一种速读法，而是成倍提升学习新知识能力的方法。

在学习影像阅读法的过程中，你会发现那些原本不可能的事情将变得可能。

以每秒1页以上的速度进行影像翻阅，而后新信息进入能直接高速处理信息的大脑。在大脑中，新信息将与已有知识相结合，为实现阅读"目的"而发挥作用。你能够在有限的时间内完成阅读，并能获得自己所需要的理解效果。

通过激发影像阅读·全脑思维系统，你将理解不曾留心过的大脑的结构与特性，并激发它们。超越有限的意识领域，激活沉睡的才华与天赋。

本书将对升级后的影像阅读·全脑思维系统的5个步骤进行详细解说。

旧版的5个步骤分别是"准备""预习""影像翻阅""激活""高速阅读"。但在本书中，为了便于大家更直观地理解，改为"准备""预习""影像翻阅""复习""激活"5个步骤。旧版中高速阅读的部分，现在并入"激活"步骤。

新版与旧版的差异归纳如下：

• 提升全脑的活用度，大幅提升理解力与记忆力。

• 为了更迅速、更自信地阅读文章，将需要意识掌控的范围控制到最小。

• 加入实践篇，能够帮助你阅读包括电子书在内的各类书籍；深入浅出地讲解如何将影像阅读法广泛应用于日常生活、学习、工作中。

影像阅读·全脑思维系统，现已风靡全世界；影像阅读·全脑思维系统，已经在全球范围内获得应用，也有很多人因此在社会上获得成功。

现代社会是知识创造型社会，对海量的信息进行迅速处理与编辑，并付诸行动，方能创造价值。

希望你也能成为知识创造型社会中的一名成功者。

更宽广的
人生选择

第一章

影像阅读法
是如何诞生的

以每分钟大约60页的速度进行影像阅读，也就是说，要在5分钟之内，将一本书所有的内容，都"摄入脑海"里。

这样听来，这的确是一个非常新颖的手法，但是"摄入脑海"这个概念本身，远在我提出影像阅读法的几百年前就存在了。很久以前，我们的大脑就已经被验证具有相当优秀的图像处理能力，并且非常广泛地应用在古代宗教仪式、现代军事训练和武术道场上。

在本书中，我努力想要证明的并非影像阅读法是否可以被你成功掌握，而是它一定可以被掌握并发挥自身的功效。

所以，我真正的目的，是想让每个人都能发挥这项与生俱来的能力，并有效地运用它。因此，我一直在考虑如何将这种能力运用到日常生活中，而不只适用于书籍，还包括对新闻报道、报纸、杂志以及网页等所有文字信息进行影像阅读的能力，这就是我竭尽全力想要教授给大家的。

我通过神经语言程序学以及加速学习法的研究，开发了这套影像阅读·全脑思维系统。目前，世界上有众多的学习者都掌握了这套速读系统。

现在，终于轮到你踏入这扇大门了，新的故事即将展开。

在我谈及影像阅读法的具体做法之前，先向大家介绍一下，影像阅读法是怎样产生的。

记得从明尼苏达大学理工科毕业7年后，我接受了一项速读测试。结果显示，我一分钟只能读170个单词（相当于一张稿纸的词汇量），理解度也仅达到70%。

如此差的成绩让我惊愕不已，我接受了16年的系统教育，拥有长期的学习经历，结果我的阅读能力居然低于平均水平！更糟糕的是，我总能找到理由逃避阅读。

那时的我，对读书有个根深蒂固的观念。我一直固执地认为，所谓正确的读书方法，就是必须从文章内容的开头，一字一句地读到结尾，不能遗漏任何字句，同时还要理解字面意思，尽可能地记住作者的主张。另外，检查自己读书效率的方法，就是看自己到底详实地记下了多少内容，能否分析出作者在字里行间所要表达的意思。

我对这个观念深信不疑，所以我对自己缓慢的阅读速度束手无策，陷入了"死胡同"。我也尝试过加快阅读速度，但那样又会造成对文章的理解度下降。虽然我在人才开发公司担任了7年的咨询顾问，积累了很多经验，但是阅读能力却丝毫没有提升。

1984年，我参加了一个速读法课程。经过5周的训练，我阅读文章的速度已经达到平均每分钟阅读5 000个单词，理解了70%的内容，阅读速度是之前的30倍。有一天，我旁边一位年轻女性叹息道，自己虽然参加了10周的训练，每分钟依然只能读1 300个单词。听后我建议她："你可以想象一下自己用很快的速度阅读时的样子啊。"于是，她在下次的速读考试中取得了每分钟6 000个单词的好成绩，并且理解度也大大提高。

虽然发生了这样可喜的实例，但是这种速读法还是不具备让我心动的魅力。阅读时强迫眼球快速转动的方法，令人即刻就感到厌烦。所以，课程结束3个月后，学到的技能也都被束之高阁了。

不过，在这个课程中接触到的"大脑的文字信息处理能力"的可能性却给了我启发，让我牢牢地记在心中。

逐渐地，我开始意识到我的症结所在：我被困在两个互相对立的想法之间，动弹不得。一个是从小学起就养成的所谓"正确"的阅读方法，另一个却是"人类的大脑其实拥有更卓越的能力"这一想法。

回想以前，我在接受飞行员训练时，同样有过这样情绪混乱、手足无措的经历。

有一次，在8 000英尺的高空，教官发出指令让我用着陆时的低速飞行。于是，我就将引擎的速度降下来，同时为了保持高度，拉起了操纵杆。

结果，飞机的头部立刻垂直竖起，但是这个姿势无法得到足够的升力，顷刻间飞机头部突然往下倒栽，机身就像一块巨大的岩石，向着地面飞快地俯冲下去。

在突如其来的恐惧的冲击下，我慌忙往后拉操纵杆，拼命地想要阻止机身下坠，但是情况越来越糟。坐在旁边的教官看着我陷入恐慌，还表现出一副幸灾乐祸的样子。

"怎么操纵不了！为什么飞不起来！"我叫嚷着。

飞机俯冲速度越来越快，教官却平静地说："把速度提上来！"

什么？开什么玩笑！我正拼命地努力想要拉平机身，他却要求我加速冲向地面？我觉得教官的脑子一定坏了！

机身开始回旋下降，旋转中我无力地看着飞机离地面越来越近……教官再一次以不容置疑的口气告诉我："提升速度！"这怎么可能做得到？我全身上下都抗拒着这个命令。

最终，教官终于推开了我因为恐惧而变得僵硬的手，将操纵杆往前推，把速度提了上去。飞机瞬间得到了足够的升力，机身也回到了水平状态。见机身情况稳定，教官又拉起操纵杆，将飞机飞回了原来的高度。当时，我的心脏差一点儿就从喉咙里跳出来了。

通过这段经历，大家明白什么了吗？

我一直奉行要将文中一字一句都理解的精神来阅读每一本书，但当速度提升、理解力跟不上时，我就会变得很不安，踩下刹车，将阅读速度降到自己能够理解内容的程度上。因为如果只是一目十行地跳着看，内容理解因此有所疏漏的话，我认为就称不上一个合格的读者。虽然想要更快速、更高效地阅读，但实际情况总是事与愿违，就像失速的飞机会打转，最终撞向地面一样。

当时的我真希望有个优秀的教官在身边，把我从这个危机中解救出来。但非常遗憾，我没有认识到，其实自己的大脑就有足够强大的能力帮我去解决问题。

幸运的是，在那之后的几年里的一些经历，为我指明了新的前进方向。

1984年秋天，我开始在研究生院学习终身学习和人才研发技术的课程，以掌握更多高效的学习方法。我成立的学习策略（Learning Strategies）公司正好迎来了4周年的纪念日。高效的学习方法不仅对这个公司的顾客十分有益，对我自身来说，我也十分有意愿借此来提升自己的学习能力。

读研期间，我参加了各种各样的研讨会和课程，遇到了一位来自亚利桑那州凤凰城的某个速读学校的讲师，听他说起他在课堂上进行的一些非常奇妙的实验。

他们以游戏的形式进行测试，让学生在眼球不动的状态下，将书本上下颠倒，并从后往前翻页，看看学生能够理解多少书中的内容。令人惊讶的是，他所在班级的成绩竟然创造了历史最高得分。

这难道只是"巧合"吗？

速读课程的讲师们为了说明这个无法以常识解释的现象，提出了一个假说：翻页行为有触动潜意识的作用，所以才会产生这样的结果。

与听闻这个假说差不多同一时期，我参加了加速学习专家——彼得·克莱恩的课程。我告诉他我正在探寻一种飞速提升阅读能力的方法，他给了我一些建议。

他说："我的客户美国运通公司，作为加速学习方法的一环正需要开发速读法。你要不要参加它们的开发工作？"

咨询工作、研究生院的研究课题以及对学习的热情，能同时兼顾这三个需求的好机会从天而降，突然来到了我的身边。

1985年秋天，我开始对潜意识认知、大脑前意识信息处理进行相关的基础调查。其结果指向一个事实："人类拥有不通过表意识收集视觉信息的能力，这些信息由大脑的前意识处理。"

针对眼睛的认知能力和大脑处理文字信息的能力，我自己也进行了各种实验，将"摄入脑海"这个方法命名为"影像阅读法"。为了让任何人都能够掌握影像阅读法，我夜以继日地研究和设计相关培训课程。加速学习法、速读法、神经语言程序学的人才研发技术、大脑前意识的信息处理……我将所学习到的全部知识应用到课程中，于是，"影像阅读·全脑思维系统"终于诞生了。

为了测试影像阅读法的效果，我来到了之前上过的速读学校，抛弃传统的速读法，运用影像阅读法，阅读几本书进行测试。结果非常可观，有一本书我居然最快能以每分钟68 000个单词的速度读完，并且在曾参加过的笔试中，理解度达到74%——这个结果十分惊人。

的确，跟一般的阅读法或速读法相比，这个结果令人瞠目结舌。但是，影像阅读法跟这两种方法是完全不同的，速读学校也不得不承认，影像阅读法是一种"深不可测、蕴含神秘力量"的方法。

1986年1月到2月，我面向包括美国运通公司在内的6家公司举办了首次试验性的学习班。

影像阅读法的效果立竿见影。

影像阅读法不仅能提高阅读能力，而且可以缓解压力，大幅提高记忆力。学习了影像阅读法后，学生们在考试中取得高分、销售人员的签约率上升、律师的胜诉率得到显著提高……我在开设讲座期间，不断地有参加者来向我汇报他们的成功故事。

看到他们脸上掩饰不住的惊喜，我也深受鼓舞和感动，精益求精，不断改进和完善教材。

1986年5月16日，影像阅读法的讲座课程与活动内容经由审查后，学习策略公司被明尼苏达州教育厅正式批准为私立实务专科学校。

美国总统曾宣告20世纪90年代为"大脑功能革命的10年"，呼吁积极推进认知科学领域的研究。于是，大脑信息处理系统的解析取得了飞跃性的进步，研发新学习方法等项目也得到了前所未有的大力支持。在这个过程中，影像阅读法作为教育界的创新教学方法，逐步被世界广泛认知。

影像阅读法是一门提高阅读能力的新技术。不仅如此，大部分的影像阅读者都知道，从影像阅读法中获取的远远不止阅读技巧。

影像阅读·全脑思维系统，在你"螺旋坠落"时发出"提升速度"的指令，让你通过体验超速来觉察自己深藏的潜能。这样即使你身处信息旋涡，也不会被其吞没从而迷失方向，反而能更加自由自在地遨游其中。

本书将简明易懂地为你介绍这一系列技巧，帮助你一步一步地掌握影像阅读法。

学会影像阅读法，你也能做到这些

影像阅读·全脑思维系统由5个步骤组成，分别是"准备""预习""影像翻阅""复习""激活"。

虽然它看上去是一个完整的系统，需要按照顺序来做完这些步骤，其实并不需要这么死板。你可以根据需要自由选择如何使用。这个系统是由阅读专家在他们平常使用的技巧的基础上建立起来的，汇集了高效阅读文献时所需的各种技巧，所以，将它叫作"阅读百宝箱"也不为过。

然而，这套系统的真谛并不在于其中蕴含的技巧。通过学习这些技巧引发你思维上的转变（看待事物的角度），才是它真正的精髓所在。想要用这套系统来达成阅读目的，你必须彻底告别那些过去习以为常、效率低下的旧有阅读法。

本书可以让你对自己有一个新的认识。过去，你可能会抱怨自己的无力，觉得只能做到这个地步。但如今，你却能打破这种思维的束缚。我们将超越自己主观意识所砌成的信息处理能力的界限，掌握一个新的方法，和大脑与生俱来的高性能信息处理系统直接建立联系。

这些内容并不困难。只需从一些简单的行动开始，并且马上就可以开始。

"如果能够发挥大脑原有的能力，你到底能有多优秀呢？"

现阶段，你可能觉得那只是想象的一部分。

但是，请相信我。

迄今为止，我在世界各地授课，许多人学习了影像阅读法。我也亲眼见证了学习者们短期内在商业和日常生活中取得了长足的进步。

以下例子只是其中的一小部分：

• 某个高中生使用影像阅读法阅读了很多遍字典。结果，SAT考试（学术能力评估测试，美国大学升学考试）的词汇成绩有了显著提高。

• 某位律师为了在厚厚的法律文书中找到自己需要的部分，运用了影像阅读法。结果，过去需要30分钟才能结束的文献调查，仅仅在5分钟内就完成了。

• 某个撰写技术文件的工程师将影像阅读法运用到了自己顾客的软件系统指南里。在会议前，他只用了15分钟就掌握了整套系统的内容，并且能够滔滔不绝地当着众人的面复述出来。

• 某个电脑维修技师接受训练后从一本厚重的手册中瞬间就能找出自己需要的信息。

· 某个律师用影像阅读法，在3分钟内阅读了从交通运输部拿到的300多页法律专业文献资料，并在一瞬间就找出了包含胜诉所需法律条文的段落。而州政府方面的鉴定人却没有找到那些内容，所以对这个律师的能力目瞪口呆。

· 杜邦公司排水处理系统的负责人在准备会议时，用影像阅读法阅读了安全卫生管理局派发的厚达8厘米的有关联邦规定的材料。虽然在飞往会议地点的飞机上，只花了35分钟阅读材料，却成功地在会议上向与会者们传达了"安全卫生管理局不接受3年前的排水处理数据"这一重要技术的关键信息。

· 某个商业咨询师在准备说服潜在客户的会议演讲前，去了市立图书馆。她对好几本行业杂志进行了影像阅读，全方位地把握了整个行业的发展动向、问题点、最新信息等等。由于对信息的了解与调查准备充分，她力压其他公司，赢得了合同。

· 某个大学生应用影像阅读的方法，以优异的成绩拿到了学位，在高新技术企业就职，在同期学生中职业发展最好的他断言："自己的成功都要归功于影像阅读法。"

· 波多黎各的某高中生团体运用了影像阅读法，在"国际头脑风暴奥林匹克"比赛中荣获多项奖牌。

· 某位短篇小说家在他取得最佳小说奖的获奖感言中说，自己的写作风格和独创性的秘密就在于影像阅读法。

我重申一下，这只不过是众多实例中很少的一部分而已。

学过影像阅读法的人都表示，这种速读法在很多时候都能对自己产生很大帮助。无论是重要考试的成绩提升、取得学位还是会议上的发言、公司内部的升职，以及写出内容丰富的报告书等方面，都起到了很大作用。他们还表示，影像阅读法使他们的阅读量大幅增加，也带来了更多的乐趣。

影像阅读法中很重要的一点在于，必须有尝试新想法的意愿和放松愉快的心态。只有做到这一点，才能发挥你真正的才能，像孩子那样保持好奇心，对新奇的事物感到惊讶，在实践过后收获新的感悟，看到新的阅读世界的大门随时为你敞开。

阅读这件事，无论在工作中还是在生活上，都是我们前进的动力。影像阅读法能让你体验前所未有的高效，收获各类文字所提供的信息。并且，影像阅读·全脑思维系统能带给你充满惊喜的"高品质生活"。

从下一章开始，我们终于要学习和实践影像阅读法了！那么，让我们开始吧！

第二章
继续执着于
旧有的阅读方法？还是……

你平时会阅读什么类型的读物？将这些经常阅读的读物种类在大脑中具体回想一下，是不是包括以下几种：

- 网页、博客、订阅期刊等电子读物。
- 杂志、商务杂志。
- 报纸。
- 信件、电子邮件。
- 笔记。
- 手册、说明书。
- 教材。
- 报告书。
- 企划书、宣传册。
- 清单。
- 纪实文学。

- 长篇小说、短篇小说、诗歌。

接下来，请你在心中回答以下几个问题：

- 对于阅读内容，你能够理解多少？
- 阅读过后，你能够记住多少？
- 作为读者，你擅长做什么？
- 关于自己的阅读方法，你最想改变哪些方面？

在这里，以你现有的阅读方法为前提，我先对将来会发生的事情提出两个假设。

第一种假设，这位读者的阅读能力维持原状，依旧十分低下，得过且过。

进入办公室后，你发现没来得及看的便签、报告书、手册和商务杂志堆积如山，看到这些还没处理的材料，就会觉得像被人严厉指责了一样。它们显得十分碍眼，你干脆把这些书全都塞进角落，但你立刻又觉得坐立不安。可能那些书中，有许多对工作顺利进行来说必不可少的信息；或因为你总是一拖再拖，不愿意看这些材料，今后工作中就可能发生致命失误。你每天因为会议和电话忙得团团转，却又总是提醒自己说："就明天！我一定要把'那座山'解决掉！"

家里的情况也不容乐观。客厅里还未阅读的杂志、报纸、信件等也像小山一样堆得乱七八糟。什么时候才能把它们全部看完呢？为喜好而读书成了奢望。那些因为"某一天"想阅读而买回来的一本本小说、传记以及有关能力开发的书放在那里，而这个"某一天"却总是因为每天都出现的优先事项被一拖再拖。

你想去进修或是接受专业培训，使自己的职业生涯更上一层楼。一想到晋升和加薪，你就觉得很兴奋。但问题是，升职和加薪所需要的超大强度的阅读和学习，你能做到吗？这么一想，本想大展身手的你立刻没有了干劲儿。

即使有奇迹发生，你能把这些没有处理的材料全部读完，但这也并不意味着读完就可以了。读了以后，你还要记住其中的内容，向人们说明，或者将读到的东西实际运用到自己的工作中去。你可能又会厌烦，开始渐渐地拖延时间，每天都在想怎么办，甚至有可能在绝望中度过。

对这个假设的场景，你是否觉得很熟悉？

对阅读能力低下的人来说，这简直是一个灾难性的故事。你难道不想在这个高度信息化的社会中，摆脱那些一成不变的传统阅读方法吗？

那么，接下来我们来谈谈第二种假设，我把它称为"影像阅读者的喜悦"。

你每天从容地开始工作，是因为你把握了及时有效做出决断所必需的信息。在读资料的时候，保持自己的阅读节奏和放松的心情。你提交的方案都具有强有力的论据来支持，因此能迅速被公司采用，在客户中也得到广泛的好评，促成许多收益可观的合约。

以前对你来说，阅读具有一定专业性的报告书是一项非常耗时的工作，但现在的你只需要花几分钟的时间。一天的工作结束，你的桌上依旧十分整洁，明天的工作也准备有序。在轻松的氛围中，你踏上了回家的路。

日常生活也是如此，没有读过的书、杂志、报纸、信件等物品散乱摆放在客厅里的情况已经成为过去。每天只需10~15分钟，你就能够将当天的新闻记在脑子里，只要稍稍进行阅读，那堆该读的"书山"就会转眼消失。你可以利用那些空出来的时间有条不紊地做自己想做的事。

多亏了阅读速度的提升，你才能够去挑战新的事物。参加课程学习、获取学位、升职、掌握新的技术知识，自己的好奇心同时也得到了满足。不勉强自己，学习也变得越来越有趣。而且，你能够有时间享受小说、杂志等与工作不太相关的书了。当然，也有时间做自己喜欢的事，自由玩乐的时间也增加了。

请你再稍微回味一下这个场景假设，然后感受一下心中的喜悦和振奋。是的，因阅读能力的提高而获得的空暇时间、收入增长和喜悦之情。

如此说来，是不是觉得令人兴奋？

我的未来我做主

我非常希望大家从本书中汲取这样一个信息：不管你从上述假设中选择哪一种人生，都取决于你自己；不论你朝哪个方向努力，都是你的自由选择。要知道你已具备足够的能力实现这两种假设，你的选择将决定你的未来。

"阅读能力能够改变未来，这是一个非常夸张和可笑的说法。"如果你是这么想的，就请看看如下的统计：

"能将买回来的书读过第1章的人竟然不到10%。"（恭喜你，你已经开始阅读本书的第2章！）

许多参加影像阅读法学习班的人都有过这样的经历，那就是"自己买的书连封皮都没有翻开过"。不管是书、杂志、宣传册、广告邮件，还是便条、报告书等，都是在未读状态下越积越多，或干脆被扔掉。所以，这些书籍或资料就算是用不久就会消失的墨水来印刷，估计也没什么问题吧。

以此为戒，之后我为你准备了体验全新阅读境界所需要的工具。使用这个工具，你在大脑里所描绘的理想蓝图就能够成为现实。但是，如果你放弃了继续阅读本书，你的"阅读能力"只能停留于现状，再无进步。

摆脱旧有的习惯

现在，你一定非常想掌握超强的阅读能力吧！本书中有许多技巧能够帮助你实现目标，请你务必都尝试一下。不过，为了得到新的成果，只尝试新的阅读法是不够的，还必须对"阅读"这个行为持有一种全新的认识。

如果你用以往的常识来定义"阅读应该是这样的"，那么你离新的收获也越来越远。自小学以来，我们就被灌输了"应该这样阅读"的观念，于是渐渐地降低了我们发展的可能性。类似这样死板的定义或"思维定式"的框架，对我们的行动和潜力有着极大的不利影响。

我们自小学起被灌输的阅读方法，并不需要明确的目的意识，是一种非常被动的行为。当你花了10分钟阅读完报纸上的一些报道后，是否曾有"真是浪费时间"的感觉？如果你总是被动地阅读，就会经常拥有这样的体验。

"对所有的文章都用相同的速度阅读"，是这种"阅读定式"的最大特征。不管是漫画还是教科书，我们都会规规矩矩、一字一句地阅读。仔细想来，以获取信息为主的商业杂志和娱乐性的小说，两种读物的阅读速度理应不同。

小学教育给我们植入这样一个固定概念："自始至终都要一边阅读，一边完全理解内容。""如果从头读到尾还没能完全看懂书籍内容，那么你就不是一个合格的读者。"你有没有过这种荒诞的想法呢？你看音乐家们就不会有"只看一次乐谱就必须完美演奏"这样的强迫观念，为什么我们阅读的时候一定要强求完美呢？

现在，我们来列举几点所谓第一次阅读文章时必须掌握的要素吧："把握文章结构""检查关键词""理解主旨"，还有"记忆文章内容""分析评价内容""正确引用"……所有这些要素都必须做到。

如果在阅读的时候有这么多要求需要达到的话，我们的意识就会被压垮，甚至可能停止运转。同时，我们会变得非常不安，每当读到段落结尾处时，我们会问自己刚才到底读了些什么，居然都不记得了，是不是每个人都有过这样的体会？

在如今这个信息过剩的时代，被海量信息所淹没的人不在少数。你还记得那个只用眼睛追逐文字，心却游离在远方的自己吗？这就像房间里虽然开着灯，但是并没有人一样。

这样的情况会使你进入"文件休克"的状态，并造成大脑短路。就像一下子电流超载，电线就会冒烟一样。一旦发生这种"意识层面的障碍"，不管读什么都很难真正进入你的大脑。或者就算将大量信息硬塞进去，也将很难回忆起来。

在这个信息过剩的时代，就好比"肚子很饿，眼前虽然有罐头，但是却没有开罐器"一样，我们在阅读书籍和定期刊物、工作手册以及电子邮件时，虽然一字一句从头读到尾，但最后却没有吸收什么有用的信息和知识。如果继续采用这种老旧的阅读方法，我们只能一直"饿肚子"了，那些埋没在书山中的有益信息也只是一张废纸。

　　旧有的阅读方法真的能够提供我们所需要的东西吗？如果你的回答是否定的，说明你已经察觉出问题所在了。对问题的认识，能转化成改变的力量。

勇于尝试新的学习方法

　　成功驾驭信息浪潮的阅读专家们都摒弃了从小学开始被灌输的那些做法，采用了极其灵活的阅读方法。

　　根据所读材料种类的不同，调节自己的阅读速度。另外，要常常提醒自己在这本书中最想要获取什么知识，轻而易举地找出对自己真正有用的信息。

　　主动且目的鲜明、富于求知欲、注意力集中——这就是阅读的最佳境界。通过学习影像阅读·全脑思维系统，你同样也可以掌握类似的阅读方法。在这个过程中，你可以实际感受到自己记忆力、想象力的提高，同时阅读带来的乐趣也超乎以往。

　　影像阅读法可以将你从小学时就形成的旧有的阅读法中解放出来，转换到运用整个大脑（全脑）来阅读的方法中去。

　　但是，仍被旧有阅读法所荼毒的人们会大声否定说："影像阅读法根本没什么用！"在自己认为理所当然的事物遭到否定时，人们会感受到强烈的抵抗情绪。可见，转变思维定式是一件非常困难的事。

　　我在明尼苏达的某个大学中有过这样的经历。

　　当时，我想在这个学校推广影像阅读法的课程，遭到了教授们的强烈反对。他们都觉得影像阅读法不可能奏效！

于是，我们进行了现场演示。在屏幕上以每秒30页的超乎寻常的速度播放美国专利法的法律条文（原版书）的内容，让工作人员体验了影像阅读法。

在这之后的测试中，工作人员做到了75%的理解程度，不仅如此，还画出了书中的6张复杂的图纸，甚至准确地排列出图纸的先后顺序。

新的思维方式就摆在教授们眼前，亲眼所见后，他们认可影像阅读法了吗？

回答是并没有。都说百闻不如一见，其实也不完全是这样。像教授这样知识丰富的人群尚且对接受新思维有着相当大的抵触情绪，更不要说普通人了。

在接受新的思维方式时，并不是想明白了再去相信，重要的是必须先要相信它。影像阅读法能够转换你的思维定式。当你真正相信它是有效的，就能够拥有将"不可能"变为"可能"的能力。

所以，请你先尝试一下本书中所涉及的各种技巧。你一定能够体会"超速阅读"的快感。

1分钟之内无法读完60页

在开始进行影像阅读法之前，许多人都表现出与刚才例子中的教授相同的反应："这不可能，怎么可能读这么快呢？"

　　这也难怪人们会这么想。在人们的固有认知中，的确不可能达到这种惊人的阅读速度。但是，影像阅读法与我们大脑中传统的"阅读"概念是完全不同的，这种信息处理法必须暂时跳出理论性、批判性和分析性的思考模式才能实现。影像阅读法并不是人类表意识的工具，相反，这是一种前所未有的阅读方法。它将启用沉睡在大脑深处的广大区域，是具有革命性的"全新的大脑使用法"。

　　我们每个人的大脑都由两个半球组成，处于优势地位的左脑负责信息的排列，以及对其进行分析和理论性思考。而右脑负责对事物的整体理解、形象创造，并有灵敏的直觉能力。如果你依然每天被大量的阅读问题所困扰的话，可以尝试运用全脑（整个思维体系）思考和阅读。

　　以每秒一页的速度将页面摄入大脑，这与传统方法完全不同。首先，必须舍弃那些阅读文字材料时必须从头到尾一字不落的阅读方法，启用掌管潜意识的右脑的能力。

　　进行影像翻阅后的下一个步骤就是刺激大脑，从而激发你的反应。我们将这个步骤称作"激活"，通过这一步，你可以从书中提取出必要的信息，达到你阅读那本书的目的。

　　"在潜意识层面处理文字信息是可能的"这一观点，将对以往的阅读思维方式产生颠覆性的转变。接受这一"思维定式的转换"，阅读对你来说将会更加高效高能、简单轻松。

　　使用影像阅读法，原本需要10个小时才能理解的书，现在只需要3个小时就能全部理解。这并非空谈，你完全做得到！

为了成功，尝试一些出其不意的新方法

对于影像阅读法的学习方法，最初你可能会觉得手足无措。本来是冲着速读的学习来的，但是"橘子集中法""悬浮在空中的香肠"，甚至鼓励你"回忆梦境"等，如此天马行空的学习方法一个接一个登场。你过去没有经历过这些怪诞的方法，可能也没想过有什么必要去学习并掌握它们，但是这正是我们希望你能够去体验、经历、学习的事情。

这就和通过学习滑雪发现物理原理是一个道理。为了转换思维定式，你必须采取颠覆常识的、令人意想不到的新方法。否则，如果还只是坚持传统的方法，同样的问题将会一直持续下去。

如果你的眼前堆着一座不得不去阅读的书山，为了解决它，你首先会提高阅读速度。但是阅读速度提高后，对文字内容的理解能力就会降低。再度放慢阅读速度，又给表意识增添了负担。到头来，你会发现阅读过程并不顺畅，对这本书的理解也十分肤浅，这会让你变得更加烦躁不安，然而，你的面前还是堆着等待你阅读的书山。

"做不到"这个借口已经行不通了

也许有人说："我不相信能以每秒一页的速度来阅读。"可是请试想一下，透过旧有常识这一"有色眼镜"看出去的新世界，都会显得荒诞离奇。

为了转变思维定式，一切都必须重新开始。在这个新世界里，旧有常识已经不适用了。根本性的质变可能突如其来，让你豁然开朗。这种变化不会给你带来痛苦，而是有巨大的积极效果。

一位参与过影像阅读法课程的工程师这样说道："只要想到我们大脑的能力是无限的，就会觉得有些可怕，因为'做不到'这个借口已经说不出口了。"

如果你还在犹豫是否要转变思维定式的话，再让你听一下另外一个学员学习后的心声："让我们无畏地踏入未知的世界吧！那个新世界里有坚实的地面让我们立足，或许在那里我们已能够展翅飞翔。"

我们要以全新的姿态、全新的行动来挑战新事物。如果不做出全新的尝试，则无法收获全新的成果。

有个学员在结束课程，迈出走向成功的第一步后，感慨地说道："我终于明白了，这个技能可以彻底改变我的人生，我以前竟然以为不改变想法和行动也能改变人生！"

旧的不去新的不来

要学会影像阅读法，你必须摒弃以下这些习惯：

• 低估自己的学习能力。

- 万事拖延的习惯和"反正我肯定做不到"的偏见。
- 不从失败中汲取教训，反而固执于失败本身，这种偏执的完美主义思想。
- 不相信潜意识和直觉的力量。
- 立刻想要知道答案的心态。
- 对结果患得患失。
- 心神不定，容易焦虑。

最重要的是，要完全舍弃"否定自我，认为自己肯定做不到"这一负面的思维定式，我来举个例子吧。

有两个学员来到了影像阅读法的课堂。

其中一个学员，对自己的阅读能力完全没有自信，他总是把"我是绝对做不到的"挂在嘴边。这个根深蒂固的偏见，在他的心中围成了一道难以跨越的壁垒。

另外一个学员虽然也总是感叹阅读能力不佳，但是他有打破自我束缚、学习影像阅读法的强烈愿望，他坚定地说："我一定要掌握影像阅读法，为此我什么都愿意做！"

我想大家也能猜到这两个学员的结果吧？第一个学员为了发掘自己的能力费了九牛二虎之力，当他的想法终于从"我肯定做不到"蜕变到"我说不定也能做到"，才真正开始掌握影像阅读法。

影像阅读法和我们的人生也有深层的联系。在此请大家放心：影像阅读法丝毫不会影响阅读给你带来的乐趣，也并不意味着你不能进行精读，只要根据不同的情况灵活切换使用就好。

我觉得比起精读，影像阅读法的学习过程更能使你享受到阅读为你带来的乐趣。我想告诉大家的是，影像阅读法能够让你的心灵变得更加充实。有个非常喜欢小说的女生在进行了影像阅读法的课程训练之后，欣喜地对我说道："我再次发现了阅读的乐趣！"对她来说，影像阅读法让她的阅读体验变得更丰富多彩、更有收获并充满乐趣。

这就是影像阅读·全脑思维系统

在这个高度信息化的社会中，你必须完成各种各样的任务。不管是在工作中，还是在学习中，你都会看到许多文字材料、邮件、企划书，包含了各种信息的报纸、杂志，当然还有为了自己个人爱好而购买的书籍……需要阅读的内容和载体形式越来越多样化，因此每种文章该理解到什么程度，所需的时间也不尽相同。影像阅读·全脑思维系统适用于具有任何阅读目的的读者。不管阅读何种文章类型，具有何种水平的阅读速度和理解力，你都能够按照自己的节奏运用自如。

影像阅读·全脑思维系统共有5个步骤，将调动和发挥大脑的所有能力。我们会在第二部分详细说明它包含的内容，这里先简单介绍一下概要，让大家快速掌握整体概念。

步骤一：准备

有效阅读，在开始前必须有一个明确的目的，也就是说，要主动决定"通过读这本书，你希望得到什么"。例如，想要大致掌握书中要点？或者为解决某个问题，必须详细阅读书中内容？又或者为了完成自己的工作，寻找新的灵感？

"目的"就像大脑中的雷达，搜索出应该阅读的部分，为你指引方向，收获想要的结果。

有了明确的目的后，放松身心进入注意力最为集中的状态。这是对于阅读和学习最理想的心理状态，即"集中学习模式"。在此状态下，不会感到无聊和不安，你只要去努力就行，不必担心结果。

你观察过孩子们在玩耍时候的表现吗？当他们热衷于一件事的时候，既放松又专注，这正是这种状态的最好范本。

步骤二：预习

预习在学习中是一个非常重要的原则。这个原则就是在高效的学习中，需要把握"从整体到局部"的方法。也就是要先着眼于整片森林，环视了整片森林后再将目光放到一棵棵树上，最后再观察树的枝叶。

只要掌握要领，就能在短时间内完成预习，这是一个非常轻松快乐的步骤。

书本的话预习时间为60～90秒，长篇报告书的用时为60秒，较短材料用时不足30秒就能完成。在这段时间内，找出这本书的大致内容。再次明确自己的目的后，再决定是否有继续读这本书的必要。在准备花时间阅读一本书之前，你必须判断这本书是否有阅读价值。"未雨绸缪"就是这个意思。

预习就像跳进泳池前先用脚尖试水一样。在正式阅读内容前，先感知一下文章的精华，了解有可能在文中看到的内容，有助于我们决定是否继续读下去。

步骤三：影像翻阅

影像翻阅是在身心深度放松、注意力进一步集中的状态下，也就是"快速学习模式"下开始的。进入这个状态后，不会分心走神，也不会感到紧张和不安。

之后，将视线焦点调整为"摄像焦点"，为的是采用新的用眼方法。将整个页面同时收入视野，而不是逐行追寻单个字眼。放松视线，扩展周边视野范围，尽量看到书页的边框四角。"摄像焦点"就像身体和精神的"窗户"，通过这个状态将视觉刺激输送到脑中。

将整页内容像拍照一般摄入脑中，然后输送到前意识的信息处理程序中。每页的页面视觉信息刺激马上就会引起神经反应，这样大脑也就不受分析理论性的思维干扰，发挥自有的模式认知能力。以平均每秒1页的速度进行影像翻阅，一本书在3～5分钟就能看完。

这与所谓的"常识性的阅读方法"有着本质区别。

在影像翻阅完全部页面后，我们仍然会觉得，自己什么也没记住，也就是说，在意识上，我们觉得自己并没有理解什么。所以，我们必须在下一个步骤的工作里，在意识层面创建必要的认知。

步骤四：复习

"影像翻阅"这个步骤结束后，马上做"复习"工作，为第5步"激活"工作制订计划。

在"复习"步骤，需要做到以下三点，一共花大约12分钟就能解决，非常轻松。

首先，用一分钟再次翻看通篇内容。在章节的大标题、图表、统计图、粗体字等部分，找到和自己目的相关或自身感兴趣的内容。

如果翻开范围是整本书的话，可能需要花费两三分钟的时间来把握文章整体结构。这就好比为了解文章的骨骼框架，给文章拍X光片，这么说大家应该容易理解。作者如何展开自己的观点表述，会表现在文章的结构上。只要把握文章的整体框架，就能够帮助我们正确地抓住文章的内容，也能提高我们对文章的理解度并为我们带来更多的阅读乐趣。

触发词是指在页面上能够吸引你的一些关键词，也可以说是让你变得想要更详细了解文章内容的词语。触发词能够提高你对这本书的兴趣，使你的大脑更加灵活，更易连接神经细胞，引发联想。

没有必要仔细翻看每一页，每20页找出一个触发词就足够了。在找出10～20个触发词之后，你的头脑中不禁会浮现出"这是什么意思呢？""作者到底想表达什么？"等一连串的疑问。如果能提出好的问题，就能迅速找到高质量的答案。那怎样去找高质量的答案呢，就要靠下一个步骤"激活"的工作了。

步骤五：激活

"激活"最初的部分非常简单，把你读过的书或文章搁置20分钟到24个小时。在这段时间内，通过影像翻阅摄入潜意识里的信息会逐步成熟。"激活"工作的第二部分，利用"复习"这一环节设定的问题进一步刺激大脑，查阅你在书文内容中比较感兴趣的地方。

接下来要怎么阅读是你的自由。你可以根据自己的目的选择和组合使用多种激活的方法。

例如，以行为单位自上到下快速浏览页面，寻找要点的"超读"；或是找到要点后仔细阅读的"摘读"。至于"摘"哪里进行阅读，请相信你的直觉，顺从心声，它会告诉你："就是这里了，快读这个部分，一定能找到有用的信息！"

"跳读"和"思维导图"也能够带来激活的效果。如果是英语文章的话，"有节奏地通读"这个方法也可以。[1]这些技巧能帮助你和影像阅读法所获取的文字内容建立更深层的联结。针对学术性的材料或复杂的内容，也可以使用"高速阅读"法，"高速阅读"法

---

① 注释：请参考书末附录——专为影像阅读法初学者设计的问答篇。

同样适于小说。

　　总而言之，"激活"就是活用大脑的所有能力，创建文章和意识的连接，以达成阅读目的的一个步骤。

　　现在，你已经了解了影像阅读法的大致流程，那么接下来就跟着本书去实践吧！

　　我将从下一章开始进行详细的说明。

影像阅读法：惊人的成功实例一

　　某个高中生在短短的一学期内，就将数学成绩从D提高到了B，据说他用影像阅读法学习了数学教科书后，便能够非常流畅地解答数学问题了。另一位同学在写报告时使用影像阅读法阅读了很多书籍，老师写给他的批语是："A＋，写作能力获得大幅提升，在一夜之间，到底是怎么做到这么大的改变的？"

　　我还收到过来自演奏家们的报告：在音乐领域也能够运用影像阅读法，演奏会前夜通过影像翻阅第一次接触的乐谱后，演奏过程会变得无比轻松——好像这个乐谱已经练习过很多遍一样。

　　一位高中英语老师为了在课堂上讲授关于"海明威与美国文学"的相关内容，他运用影像阅读·全脑思维系统，在备课时阅读了所有评论海明威的文献资料，还用影像阅读法阅读了包括课上的两本教材在内的海明威的所有著作。令人惊讶的是，通过影像翻阅吸收的内容在讲课过程中接二连三地融会贯通，那节课充满了风趣而具体的例子，课堂解说也简明扼要。这位老师自我评价说，这是他教过的最有深度的一堂课。

进公司第一天就出席某个大型会议的一位新员工，在开会之前花了几分钟，用影像阅读法阅读了报告书。之后，他居然像在公司待了很久的老员工一样，能够在会议中滔滔不绝地提出自己的见解和建设性意见。他说："会议讨论起到了'激活'的作用，同事们对我目瞪口呆，但是最不敢相信这种现实的可能是我自己。"

某个药剂师将大学时期用过的教科书进行影像翻阅后，发现一直以来觉得很难的病例卡读起来也变得简单了。

某个房地产公司的老板，学生时代非常讨厌一板一眼的形式教育，在高中一年级的时候就退学了，后来再也没有去过学校。他在50年的人生中只读过3本书，这样的他在参加了影像阅读法的讲座之后，给我们发来了这样的感想："这个讲座真的很棒！在这两周时间内，我读了整整12本书，而且我乐在其中。参加影像阅读法讲座是我人生中最开心的体验之一。"

在很长的时间里，他从来不觉得自己有能力去学习。但是影像阅读法，让他发现了自身的潜力。

PART

02

学习影像阅读·全脑思维系统

第三章
步骤一
准备

不管是发表演讲还是钓鱼，事先做好万全的准备才能获得好的结果。尽管这是一个很明显的道理，但不知道为什么，以前的我拿到书和杂志后却不做任何准备，随手翻开就开始阅读。

现在的我会带着目的去阅读，再花一点儿时间进行准备工作，就能够大幅提高注意力、理解力和记忆力。准备工作本身虽然非常简单，但却是提高阅读效率的不二法门。可以说：影像阅读·全脑思维系统中的所有步骤，都是围绕"准备工作"展开的。

影像阅读·全脑思维系统所指的"准备工作"并不只是单纯的"准备好要看的书"，而是确定阅读目的，将意识集中到一点，进入适合阅读的理想心理状态。

明确目的

设定阅读目的，这并不是什么新奇的手法。

　　16世纪的英国哲学家，弗朗西斯・培根为世人留下了这样的名言："书有可浅尝者，有可吞食者，少数则需咀嚼消化。换言之，有只须读其部分者，有只须大体涉猎者，少数则须全读。"①

　　不管你有没有意识到，无论读什么书，或多或少总会派上用场。但是，只要明确阅读目的，完成这个目标的概率都会大幅提高。潜藏在你心中的各种各样的能力就能够最大限度地得到发挥。强烈的目的意识能够让你做成很多事。"目的"是驱动影像阅读・全脑思维系统的引擎。

　　只有明确目的，你的身心才能充满力量，并对阅读这一行为注入新的情感，以认真的心态面对书本。当抱有强烈的目的意识时，人的身心状态也会变得更加敏锐。

　　在设定目标的时候，试着向自己提出以下问题（阅读黑体字）。

　　・**"读完这本书后，你期待最后有什么样的成效？"**读了这本书后，你希望自己的言行产生怎样的变化？还是只是为了打发时间或为了个人兴趣爱好随便看看？

　　・**"这本书对自己究竟有多重要？"**长远来看，这本书对自己有多大用处呢？这本书值得读的话，具体的价值在哪里？

　　・**"这本书需要理解到什么程度？"**你只要明白大致意思就可以，还是需要抓住书中的要点？抑或是需要明白具体的事实和细

---

① 摘自王佐良先生的译文《论读书》。——编者注

节？为了达成目的，必须要从头到尾一字一句全部读完吗？还是只要读其中的某一章或某一段就足够了呢？

- "**目前，你想花多少时间来达成既定目标呢？**"决定阅读这本书需要花费的时间，阅读过程就会更集中、更有效。在阅读上花费自己宝贵的时间也会更有意义。

也就是说，必须在最开始就搞清楚"明白大意就可以了吗？""有必要理解非常细微的部分吗？""是因为工作和学习需要才读的吗？""随便读读就好？"一定要明确这些目的。

漫无目的的阅读，就像一场说走就走的旅行。往往大部分人的阅读，就好像还没想好去哪里旅游，就迫不及待地跳出了家门。

用眼睛追逐文字，读着读着总觉得"非常无聊"，这时候就要扪心自问："我读这本书的目的是什么？"通常，你都无法得到理想的答案。没有目的意识的阅读是一种十分被动的行为，就像呆呆地看电视一样，大多数情况下不过是浪费时间而已。

明确阅读目的，能够使你的时间得到最充分的利用。在这个高度信息化的社会，我们已不能用同一速度、同等水平的理解能力来处理所有的信息了。

况且这种阅读方法本身也称不上是聪明的阅读方法。正如弗朗西斯·培根所说，有些信息值得深入品读，有些信息则完全没有阅读价值。

你要知道，阅读目的千差万别，你可以创立一个别有创意的目标。

比如，在牙科医院看杂志的目标是分散注意力，屏蔽那些令人紧张的钻磨牙齿的声音。这也是一种目的，这样的经验是很有意义的。

在阅读的时候，你必须常常回想自己的目的。这个习惯会打开你大脑中的开关，提高你的注意力。只有目的明确，才能把大脑最大的潜能发挥出来。

通过目的意识，就能让我们从刚才所说的"旧有阅读法"的束缚中解脱出来。

有位男性这么说道："买来的杂志，不知道为什么总是控制不住想去读那些可有可无的版面。"这就是长期被"旧有阅读法"荼毒的结果，养成了这种恶习。因为我们长期被灌输这种所谓的"正确的阅读方法"，所以当我们只是遗漏了一部分内容的时候，就会产生"罪恶感"。

只要具有目的意识，就算放弃那些无所谓的内容，也不会产生罪恶感。你可以摆脱"一定要从头到尾一字不落地读下来"这一罪恶感，只阅读自己想读的内容。这么一来，心情也变得轻松多了。

设定自己的专属目标只需不到两秒钟的时间，然而通过设定目标能给自己漫长的人生节约大量的时间。

明确自己的目的具有巨大的威力，可以在一瞬间永远地改变你的阅读水平。

阅读时的"理想的心理状态"——进入集中学习模式

要达到最好的阅读效果，身体必须在放松的情况下进入一个注意力高度集中的状态。如果能够保持这个理想的心理状态，我们可以理解和记忆读过的内容，随后将它们从大脑里调取出来。

这一"理想的心理状态"被称作"集中学习模式"。下面，我就向大家介绍如何快速进入"集中学习模式"。有一种叫作"橘子集中法"的方法，非常简单实用，可以帮助你自动集中注意力，立竿见影地提高阅读效率。

这在长年的研究中已得到了证实，集中注意力是阅读和记忆时非常关键的一步。

人类一次性只能识别7（±2）个字节左右不同的文字排列（最开始将电话号码设置成7位数就是这个道理）。

换言之，人们可以同时将注意力放在7件不同的事上。研究表明，阅读时只要将自己的注意力固定在一个点，其他的注意力就会自动聚焦在阅读行为上。这时，究竟将注意点固定在哪里非常重要。

比如，开车的时候不能总是去看车内中控台上的装饰物和前面车辆的保险杠，而是要将注意力集中在前方的道路上。

阅读时，固定注意力最理想的位置是后脑勺的斜上方。

"橘子集中法"就是将注意点放在某个理想的位置，接下来让我们在阅读时放松身心，迅速进入理想的"集中学习模式"状态。

其操作顺序如下：

• 想象一下手掌上有一个橘子，尽可能具体地感受它的重量、颜色、手感和香味。充分感受后，将它轻轻地抛起，然后用另一只手接住，像丢沙包一样在左右手间反复抛来抛去。

• 接下来，将橘子用你写字的那只手放在后脑勺上部15～20厘米的位置，轻轻碰一下那一块空间，想象橘子是否安稳地停在那里。然后安静地把手放下来，放松肩膀。想象那是一个有魔力的橘子，随便你把它放到哪里，就算放开手它也不会从那个位置上掉下来。

• 轻轻地闭上眼睛，让后脑勺上方的橘子保持平衡。同时，感受自己心理状态的变化。这时，你的身心都处在极度放松的状态下，注意力保持着高度集中。闭目想象自己的视野渐渐地被拓宽。

• 保持身心放松、注意力集中的状态，睁开眼睛，开始阅读文章。

接下来，请你亲自尝试一下"橘子集中法"，感受它的效果。

现在，翻开本书中你还没有读过的内容。首先，不采用"橘子集中法"，以平常的速度读2～3段，接下来按照刚才所说的顺序进行"橘子集中法"，再读2～3段内容，比较一下前后两次阅读的感觉。

也许，有人因为尝试一些不熟悉的做法时会过于小心谨慎而感觉不到其效果。但尝试此种方法令很多人都感受到了明显的改变，他们表示视野被拓宽，视线不再到处游离，感觉的移动也变得更加顺畅。感觉一下子就能抓住某个特定的词组或者扫视一整句话。

或者你可能已经发现，你的眼睛已不再在同一个地方反复游走，心中默读的声音也消失了。

通过"橘子集中法"，你的目光就会处在一种流动的状态，阅读时就能够更加迅速，更加顺畅。注意力得到了集中，人在阅读时也感觉更加轻松了。

在初始阶段，你必须每次都去想象这个橘子放在后脑勺的具体哪个位置。但不久，这就会成为一种条件反射，只要开始阅读你的注意力焦点就能固定在同一个位置了。

这种身体放松、精神高度集中的状态在阅读以外的领域也能够发挥非常大的效果。许多研究结果表明，这种状态下，人类能够将能力发挥到极致，类似于冥想和祈祷，能够让你真正投入，进入所谓的无我境界。

虽然身体放松，但这跟打瞌睡的状态是完全不同的，这是一种安静的、集中注意力的状态，如此你才能够充分发挥自身所具备的潜在能力。

如何在30秒内进入集中学习模式

现在，大家已经理解如何进入最适合阅读状态的方法了。接下来，我就介绍一下更简单易行的、在30秒内进入"集中学习模式"的步骤。请朋友将以下步骤念给你听，或者自己录音后播放也可以。

- 把接下来要读的文字材料放在面前，先不要急着阅读。

- 闭上双眼，轻放身体；让你的意识从头顶到脚尖充盈整个身体；挺直背部，以舒适的姿势慢慢调整呼吸。

- 在心中说出自己阅读这本书的目的（比如，我想要在10分钟内阅读这本杂志，获取时间管理方法的技巧）。

- 想象将一个橘子放在你后脑勺的斜上方。

- 意识到自己已经进入了身心放松、精神集中的状态。眼睛和嘴角露出微笑，保持平静的表情。感觉自己即使闭着眼睛，但视野也越来越宽阔。现在，你的眼睛和心灵是同步连接的。

- 保持这种身心放松、精神集中的状态，慢慢睁开双眼，以你觉得最舒适的速度开始阅读。

"橘子集中法"的由来

对一般人来说，要进入理想的阅读状态并不容易。特别是在工作场所，更为困难。此起彼伏的电话声和嘈杂的说话声，即将到来的会议准备工作，还有回家时采买东西和修车等各种各样的杂念妨碍着我们的阅读。

当你的大脑里一片纷乱嘈杂，怎样才能帮助你集中注意力呢？注意力分散的状态下是没法静下心看书的。

另外，阅读时最理想的状态是我们刚才说的全身心投入的状态。在心理学中，也被称为"心流"状态。

我们通过"橘子集中法"，能够营造出这种状态。

在20世纪80年代中期，我在《脑心公报》（*Brain/Mind Bulletin*）这本科学杂志上读到了一则对阅读专家罗纳德·戴维斯进行专访的有趣报道。戴维斯说，过去他有着严重的阅读障碍，阅读是非常困难的，他在寻求解决方法时，有了一个重大发现。

他发现有阅读障碍的人意识混乱，很难将注意力固定在一点上；而阅读能力比较高的人，都会将自己的注意力固定在后脑勺的斜上方。

在发现了这两点之后，他不断地进行固定注意力的训练。经过3年的努力，他的阅读、理解及写作能力从小学水平一下子提高到了大学水平。

现在戴维斯为患有阅读障碍的人开设了一家诊所，在他的著作《阅读障碍者的天赋》（*The Gift of Dyslexia*）中详细地讲述了这个技巧。他的课程是从寻找最佳注意力固定点——"视觉意识的核心"的训练开始的。

我即刻尝试了这个技巧，注意力马上得到了提高，切身感受到阅读变得愉悦轻松。于是，我开始思考："如果这个技巧对有阅读障碍的人有效，那么也能帮助普通人在注意力分散时提高阅读效果吧。"

戴维斯的理论，让我的研究有了很大的进步。为了实现他所说的"视觉意识的核心"效果，我设计研发了"橘子集中法"。

大部分的人采用"橘子集中法"能够马上切身感受到与进入心流状态相同的效果，能够迅速简单地进入身心放松的精神集中状态。稳定心神，注意力自然而然就集中了，同时还能帮助我们迅速提升阅读的技巧。

回顾历史，"橘子集中法"以各种不同的形式出现在世界各地。"思考帽""魔术师的三角帽"，还有"傻瓜帽"（dunce cap，美国的学校惩罚记性不好的学生和偷懒的学生时，让他们戴着的一种圆锥形帽子），这些道具本来就是为了提高注意力而研发出来的，都起着将注意力集中在后脑勺上方的作用。

那么，我们来尝试一下这个技巧吧！

如果你觉得对橘子没感觉，也可以选择其他方法将注意力集中在后脑勺的斜上方。比如，你对声音刺激比较敏感的话，在后脑勺的地方打响指也可以。或想象头上戴着的宽边帽（墨西哥人戴的圆顶硬礼帽）顶端停着一只鸟，也不失为一种好办法。感受一下宽边帽就戴在你的头上，将注意焦点放在上面停着的鸟上。

用以上这些方法将注意力固定在一个位置，慢慢地睁开眼睛，会发生一些有趣的现象。忽然间，你会感觉心境平和、注意力自然集中，阅读水平也一下子提升了一个级别。

这个阶段的目标是创造出适合阅读的理想状态，所以只要进入状态，就不必再想着橘子了。将意识集中在那一点，就像是石拱门的拱心石一样，正是这一块石头，维持着其他所有石头的稳定，支撑着石拱门。同理，将注意力固定在一点，就可以使其余的注意力都集中在阅读上。

当我们把橘子放到指定位置后，就可以忘了它的存在。就像我们进门时并不需要把那扇门一起带进来一样。让我们开始阅读吧。接下来的所有工作，交给你的大脑就行。

小结

现在，我们再来简单地复习一下本章所学到的内容。

- "准备"工作是影像阅读·全脑思维系统的必要前提。
- "准备"工作由两个要素构成。一是明确目的，二是将注意力固定在后脑勺斜上方的位置，也就是进入"集中学习模式"。
- 带有目的意识的阅读能够最大限度地激发大脑潜力。
- 橘子集中法是将注意力固定在同一个位置，进入"集中学习模式"的一种方法。

下面，你可以马上试用这个技巧，继续阅读本书。

　　首先，保持强烈的目的意识想象自己正在阅读下一个章节，同时你的注意力也集中在后脑勺斜上方。请务必注意那时身体感受的变化。在阅读过程中，你感到心境平和轻松，注意力高度集中，能够完全进入书本的世界。

　　你已经处于"心流状态"，学习的准备工作已完成，让我们进入下一个步骤吧!

第四章

步骤二
预习

我们的阅读能力仅仅局限于我们所能认知的事物上，也就是说"人类的大脑只能理解自己熟悉的模式"。在阅读之前，你越是了解相关知识，文章读起来就会越简单易懂。

"预习"是一种捷径，方便我们找到这个模式。通过"预习"，最多只要一分钟或者在一分钟内，就能够让你理解文章的速度大幅度提升。

"预习"有3个阶段：

1.了解概况。

2.评价是否符合阅读目的。

3.决定是否阅读。

了解概况

假设你要买一栋房子，你会怎么看房呢？

如果是我的话，我会先看看这栋房子周围都有些什么。和妻子一起走到湖边，围着房子走一圈。接下来，开车去附近的学校和商业街转转，再看着地图寻找公园等设施，也就是将所在地区整体了解一遍。

在阅读时，最初应快速浏览整体框架，了解概况。一般来说，看目录就能够大致了解作者的想法。

而后，我们会惊奇地发现，有时这个简单的方法可以为你带来很多意外的收获。有时，你仅看目录就能理解作者以什么样的顺序来论述自己的观点，就能知晓你想了解的所有内容。

浏览一遍目录可以预测这个资料究竟写了哪些内容，也能够提前了解自己感兴趣的部分在哪里。目录就为我们找寻重要信息提供了线索。

比如，在一些描述技术方法的书中，记录着一系列工作的前后顺序；在一些阐述观点的书中，会先提出问题，然后列出解决策略。

如果是普通厚度的书，预习只需要不到一分钟就够了。而很厚的书或电脑手册之类，理解书的结构就得花点儿时间，只需再多花一分钟左右的时间就够了。

如果是报纸、杂志的报道或报告书，不论纸质版还是电子版，一般都是没有目录的。这时，我们要改变一下方法，大致浏览标题和各章的小标题或者黑体字，以及段落的开头和结尾部分。

如果在浏览过程中，发现自己不自觉地开始阅读文章内容，请提醒自己不要仔细阅读。当前的目的只需要大致了解文章结构，不需要深入阅读。

预习的另外一个好处是可以提高"长期记忆力"，通过预习将文章内容进行分门别类处理，并与新信息的关联部分整合起来，这样可以帮助我们记忆更持久。

评价是否符合阅读目的

根据上一章的建议，对于那些决定仔细阅读的文章，在开始阅读前，你必须确定"阅读目的"。在此，请你回想自己最初阅读它的目的，确认这本书的内容能否帮你实现最初设定的目标。

通过预习，你对这本书了解得更多了。通过预习所收获的新的信息，有利于你做出重要的判断。这本书中有符合你的目标的信息吗？这本书有继续读下去的价值吗？你的目标能达成吗？

预习后，你可以判断这本书是否充分符合你的需求，还是需要再寻找其他书籍。

每天，信息都像洪水般汹涌而来，书本、新闻报道、报告书等印刷品，时事通讯、网站主页、博客、论坛、电子邮件等电子媒体令人眼花缭乱……如果不能在一瞬间分辨出哪些才是真正必要的信息，你很容易被淹没在大量无用的信息海洋之中。

决定是否阅读

我们终于来到了预习的最终阶段，到了要做判断的时候。现在请你来决定，这本书有没有必要继续读下去？继续阅读的话，能否找出符合目的的信息呢？或者，有没有必要重新审视一下设定的目的呢？

你知道"80/20法则"吗？其大意是：依重要程度列出造成结果的因素时，排在前面20%的因素决定了80%的结果。你现在想看的书或报道可以列入你应该阅读的东西的"前20%"吗？

现在，你说不定选择放弃继续阅读了。你现在的判断，在目前信息泛滥的时代是一个十分明智的选择。我们不需要为那些没有价值的信息浪费宝贵的时间。

或者你觉得某本书只需要"了解大意"就行了，这也是一个聪明的选择。通过预习，我们可以知道今后想要详细了解相关信息时在哪里能找到它们。

这与百科全书的使用方法类似，百科全书也不需要从头读到尾。你只需要知道相关项目在哪本书里，并在需要的时候抽出来查阅即可。

预习的重要性

在进行影像翻阅前，我建议大家一定要预习。这是一个非常重要的步骤，阅读达人们将它称作"制作信息整理箱"。通过预习，你可以为将要进入大脑的信息进行分类。

说得再通俗易懂一些，就是在我们的大脑中制作信息分类的抽屉。被整理归档的文件能在需要的时候被迅速取出。同理，分类整理过的信息也能够长久地留存在脑中。

预习是影像阅读·全脑思维系统中十分重要的一环。通过预习，我们就能判断接下来即将阅读的文章是否真的有用。随着对影像阅读法的使用日渐熟练，我们在短短一两分钟内就能够判断一本书是否需要继续阅读。

小结

在本章中，你学到了如下内容：

• 通过预习，你能够抓住即将阅读的信息的整体印象，这将帮助你提高阅读速度，增进对内容的理解。

• 预习由"了解概况""评价是否符合阅读目的"和"决定是否阅读"这三个部分组成。

• "了解概况"是指迅速地浏览以目录为主的文章整体内容，把握文章的结构。

• 以预习中获得的信息为基础，确认本书中究竟有没有符合阅读目的的信息。

- 不读没有价值的读物。
- 通过预习可以分类并整理即将进入大脑的信息，以便今后轻松及时地找到。

想要习惯预习，不需要特别的方法。不过，请你设想一下本周将会阅读的那些书籍，如果阅读前都预习一遍，你能节约多少时间？事先对信息稍作整理，就能够帮助我们减少许多无意义的阅读时间。

在第5章中，我们会进入下一个步骤"影像翻阅"，这也将是最刺激、最有趣的步骤。

第五章
步骤三
影像翻阅

　　学习"影像翻阅"这个步骤，可以说是拿到了获得成功必不可缺的王牌。在信息洪水频发的当今社会，传统的阅读法甚至速读法也逃不过被信息大潮凶猛淹没的结果。但是，只要掌握了影像阅读法，你就能够在这个高度信息化的社会中如鱼得水。

　　本章将会说明影像阅读·全脑思维系统中最刺激、最有趣的步骤。请放松身心，一边愉悦地享受，一边积极地吸收新事物吧！

　　"影像翻阅"旨在灵活运用大脑与生俱来的、潜意识层面的信息处理能力。如果能够脱离传统观念的束缚，相信大脑蕴藏着无限的潜力，"影像翻阅"一定能够给你的学习能力带来革命性的改变。通过"影像翻阅"，你可以将那些印刷页面摄入大脑中，可以让大脑以影像形式认知并保管文字材料。

　　这并不是靠努力或是个人意识就能做到。追求完美、过于努力只会适得其反。所以，让我们先来尝试，再来一步一步地确认结果吧。

接下来，我将依次说明"影像翻阅"的各个步骤。在大家熟悉整个流程后，可以立即用本书进行影像阅读法的训练！

准备工作

影像翻阅的准备工作一点儿也不难，只需要问自己几个问题。

你想用影像翻阅来阅读什么？

把想阅读的文章放在自己面前，并问自己：能否在接下来的几分钟内集中注意力进行影像翻阅？

为什么想用影像阅读法阅读这篇文章？

明确自己想从这篇文章中获得什么。目的意识极为重要，所以明确阅读目的这一工作在之后的步骤中也会反复进行。

一旦开始影像翻阅步骤，需要在阅读的过程中排除杂念、集中注意力、挺直背部，以自然的姿势放松身心，进入快速学习模式。

进入快速学习模式

在影像阅读·全脑思维系统的第一个步骤"准备"部分，我们已经体验过"身心放松的精神集中状态"，在这里，我们的目标状态和这种"身心放松的精神集中状态"非常相似，但是需要更进一步提高大脑对信息的接收处理能力，进入最佳的学习状态。

我们把这种状态称为"快速学习模式"。

接下来，我向大家说明如何进入"快速学习模式"。在开始阶段，可能要花费几分钟的时间，适应并习惯后，你只需要做一次缓慢的深呼吸就能马上进入这种状态。

- 请保持一个舒服的姿势。首次使用这个技巧时，你可以尝试先躺下再坐起来，这样能帮助你完全放松下来。
- 深深地吸气，随后缓缓地吐出，并且闭上双眼。
- 你感觉整个身体都在慢慢地放松。深吸一口气，稍稍停顿后，慢慢地吐出，在脑海中浮现"3"这个数字，在心中默默告诉自己放轻松，这就是让你身体放松的信号。从头顶到脚尖，慢慢地由上而下让肌肉放轻松。想象着舒缓的波浪流过全身，感觉自己心情舒畅，精力充沛，每一块肌肉的力量逐步放松，紧张感完全消失。
- 接下来让你的心情更加平静。深深地吸气，稍稍停顿后，慢慢地吐出。这次在脑海中浮现"2"这个数字，在心中默默地告诉自己放轻松，这是让你精神放松的信号。忘记过去和未来，注意力只集中在当下这一瞬间。不安和紧张，以及各种各样的情绪都随着呼出的气息被带出体外，烟消云散。吸气时，感受平和安定的状态传达到全身的各个部位。
- 让我们再次深吸一口气，稍稍停顿后，慢慢地吐出，在脑海里听到"1"这个数字的声音。随之，心中就会绽放美丽的花朵，这时你已经达到了注意力集中的最高境界，同时也暗示着你已经进入了

"快速学习模式"，处于能发挥优秀创造力和学习能力的状态之中。

想象自己正处于一个优美、安静的环境中，感知周边柔和的光线和声音，让全身心都投入到这份美好之中。

在进入下一个步骤前，让我们消除所有的紧张和杂念。在影像翻阅的过程中，不管是肉体还是精神，都必须保持完全放松的状态。

进入"快速学习模式"的这个过程，也是一个与大脑更高效的信息处理功能建立连接的过程。处在这个高度整合的状态中，我们更容易将信息存入长期记忆的数据库。并且，在身心同时进入这种状态后，大脑会积极地回应你正面、乐观的想法。

开始时的自我肯定

你的心态会影响学习效果。积极乐观的想法有助于学习，而消极否定的思考会成为你学习的阻碍。同时，积极向上的心态还能够帮助你学习技术、达成目标。告诉自己保持积极的心态——进行自我肯定，能够让大脑更容易吸收影像翻阅过的文章内容。

以下是在影像翻阅过程中有效地进行自我肯定的几个例子：

- "在影像翻阅的过程中，我的注意力是完全集中的。"
- "通过影像翻阅获取的信息深深地印在我的脑海里，随时都能为我所用。"

• "为了达成××（说出你的目标），我要从这本书（说出书的题目）中获得相关信息。"

自我肯定和设定明确的目标可以为大脑指引思考的方向。不仅如此，它还帮助我们跨越主观意识所设置的障碍，摆脱心中的消极意念，开辟更多成功的可能。

需要注意的一点是，自我肯定的目标必须是可实现的事，否则将毫无意义。

"我想将影像翻阅过的整本书的内容都完整地记下来"，这样的目标并不妥当。完整地记住所有内容本来就不是影像翻阅所要达成的目标，而且想记住所有内容本来就是不合理的。如果过高地设定一些不切实际的目标，实现不了就会产生挫败感，无法达到学习的目的。

有建设性的目标应该是这样的："我想要吸收文章所说的大致内容，将这个技巧和概念活用到现实生活中去。"

这样的目标与你自身的能力相符，是一种有效的自我肯定。

进入摄像焦点状态

现在，我们将要学习与传统阅读方法不同的用眼方法，我们称它为"摄像焦点"。摄像焦点并不是让眼睛聚焦在每个字句上，而是放宽视野，一次观看整个页面。以这个焦点状态观看页面，能将摄入的视觉信息直接输送到大脑的潜意识领域。

当初，我在开始研究影像翻阅时曾一度碰壁。我发现当目光焦点集中时，眼睛看到的信息是通过意识输送到大脑中的。为了将影像阅读法的理论变为可能，必须将眼睛看到的信息输送到大脑前意识处理区域。所以，我不断思考着一个问题："怎样才能不锁定焦点去看东西呢？"

"让焦点模糊"并没有从根本上解决问题，那样只是单纯地发呆而已，视线变得模糊，意识也会变得不清醒，注意力也会随之瓦解。

某天下午，我终于产生了解决这个难题的灵感。我看到了一则关于一个叫作贝蒂·爱德华兹的美术教师的报道。

她的著作《像艺术家一样思考4——用右脑绘画》（*Drawing on the Right Side of the Brain*）中有一句话："如果想画大拇指，不能刻意去画大拇指。"因为那样就会用到善于分析的左脑，但左脑并不擅长艺术创作。她的著作中还写道："如果要画大拇指，就去画大拇指周边的空间。"这样就能够用到富有创造性的右脑了。

我的头脑中顿时灵光一现，立即尝试了这个方法。我打开书本放宽视野，尽量不看文字，而是去看页面四边的留白部分。这样一来，突然间我感觉文字浮出纸面，开始有了纵深，仿佛在看3D（三维）图像一样。书页和书页中间还出现了将纸张卷成细长形状的第三页。

这时，我想起了童年时的经历。小时候，在那些必须要一直静坐等待的场合，我总是天马行空地遐想。有一次，我坐在由格子状瓷砖铺成的地板上，突然感觉瓷砖上的图案变得立体了。它们看上去大约有15厘米的深度，两层线条。可是当我仔细去看时，那个立体的图像又突然消失了。这种现象只有在我放松的状态下，呆看远处时才会出现。

我发现了这种独特的方法后，"摄像焦点"也有了一个雏形。之后的几年中，我发现了好几种自古就有的、突破传统意识范围使用整个大脑来看东西的方法。这些方法都与"摄像焦点"有着很大的联系。

"摄像焦点"的精髓在于"软眼"这一全新用眼方式。

这与我们平常进行的阅读方式完全相反。我们平时常阅读时，会将目光的焦点集中在单词和文章上，努力看清每个段落的内容。"摄像焦点"需要扩大周边视野，将整页内容一次性复制到大脑中。只有经过这样的步骤，才能够让眼睛看到的信息进入前意识层面被处理，并且最终会直接输入处于大脑潜意识区域的巨大的数据库中。

17世纪，日本有一位名叫宫本武藏的传奇剑客，著有剑术秘籍《五轮书》。这本书中有个部分完美地阐述了"软眼"的概念。宫本武藏说："'看'事物有两种方法——'见'和'观'。'见'就是观察事物表面和外部的动向，与之相对的'观'就是捕捉事物的本质。剑客运用'观'拓宽周边视野，能够迅速发现敌人，在被攻击之前察觉到他们的动静。"

虽然我们不用预防敌人攻击，但影像阅读法能够利用"观"的优点，保持平静、集中注意力、提高创造性、磨炼直觉、开阔视野。

"观"能够将"摄像焦点"变为现实的秘密，重点在于我们眼睛的内部构造。人的视网膜分成两部分，一部分是位于视网膜中心的由许多视锥细胞紧紧排列在一起构成的"中央凹"。这个部位通过聚焦眼神来看事物。各个视锥细胞通过各自的神经纤维与大脑相连，而从中央凹传来的信息由人的意识进行处理。

另一部分是分布在中央凹周围的"视杆细胞"。数百个视杆细胞与同一神经纤维相连，是一种高度敏感的细胞，甚至能够感知到前方15公里外的一根蜡烛的光。摄像焦点主要使用由视杆细胞得来的视觉信息，而不是视锥细胞。摄像焦点感知到的"周边视野"信息，由人的"潜意识"部分进行处理。

使用摄像焦点还能够防止来自意识上的干扰。人的意识因为有"知觉防御"，所以会对进入大脑中的信息进行过滤。如果能减少意识的干扰，大脑将发挥更优秀的信息处理能力。

来自意识干扰的典型例子被称为"视野狭窄"。有时会发生这样的现象：你在厨房找东西，明明要找的东西就在眼前，而你却看不见。因为你一心以为要找的东西在某个抽屉里，所以对放在面前桌面上的那个东西视而不见。使用摄像焦点能够让大脑接受更多的信息。

作为进入摄像焦点状态前的准备工作，我们来体验一下名为"香肠效应"的视觉现象。

首先，在与你有一段距离的墙壁上找到一个可凝视的点。一直盯着那一点看，将双手在距离眼睛40～50厘米处相对拉开，然后慢慢地将双手食指的指尖相互靠近。不要刻意聚焦，将眼睛放松，穿过手指间隙看墙壁上的一点，就会发生如下现象：

两个指尖中间会出现第三根手指（如图1所示），它看上去就像一根小香肠。

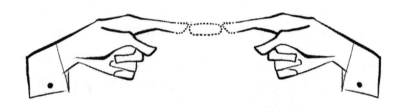

图1　"香肠效果"

这看起来好像小孩子的游戏。但是，这个现象向我们展示了你的视觉发生了很大变化。要看到这根香肠，不能只将注意焦点集中在一个地方，必须将视线分散，这样你的视线就会变得柔软灵活，观察周边视野的能力也会增强。不可思议的是，只有在不直接盯着指尖看时，效果才会显现。其奥妙在于"不见而观"，还有些禅学哲理的味道。

同样的效果，也可以用在书页上。

首先，越过翻开的书页，放松双眼凝视对面墙壁上的一点。感知书本的4个边角和行间的空白的同时，一边盯着墙壁看。由于视线分散，左右书页中间的装订部分看起来是不是重叠的呢？

不久，左右书页中间就会出现如图2所示的细长筒状的"第三个页面"，我将该现象称作"悬页"。

图2　"悬页"

就这样沿着书的中心，上下移动你的视线，眼睛的焦点仍然停留在墙壁上。因为眼前有书，会看不见墙壁，但这时请你像照X光片一样透过书本看墙壁，保持视线分散，你还看得到"悬页"吗?

在最初学习摄像焦点的阶段，总是会不由自主地将目光焦点放在书页上。于是，摊开的书页正中间回归正常状态，"悬页"也消失了。这是习惯造成的，不要着急，保持轻松的游戏心态继续尝试。如果进展不顺利，先休息片刻再尝试练习。

在摄像焦点状态下，书页上的文字看起来会有些模糊，这也是正常现象。为了看到"悬页"，有必要将目光焦点放在书的对面稍远处。如果要清楚地看清近处，就需要放松眼睛，再拉近焦点。

一旦掌握了"摄像焦点"，书页上的文字看起来就会有一种十分鲜明、独特的立体感。有趣的是，我们并没有盯着文字看，焦点也没有对准，但是，眼睛越放松，文字看起来却越是清晰。

接下来，我再为大家介绍另一种能够看到"悬页"的方法。

将椅子与书桌稍微拉开一点距离后坐下。在桌子边缘摊开书本，确认眼睛掠过书的底部，看到自己的双脚。将视线固定在自己的脚上，将书一点点儿地朝着自己大腿的方向下拉。当书本渐渐进入视线的时候，书摊开的中间部分就会变成重影，"悬页"就会出现了。一旦"悬页"出现，再将书拉近自己，感觉视线穿透书的正中。这一步，大家都做到了吗？

刚开始时，如果做不好也不必担心。毕竟，多年以来你已经习惯了对焦在书页上看书，所以尝试"摄像焦点"是一个不小的挑战。但习惯以后，这就会变得很简单。

做了很多努力，还是看不到悬页吗？没关系，就算你看不到悬页，依旧能够成为一个优秀的影像阅读者。

你只要记住，"摄像焦点"的目的在于将主观意识的干扰抑制到最低，最大限度地激发前意识所拥有的信息处理能力。看得到悬页，说明你已经能够分散自己的视线了。但这只是预防主观意识干扰的方法之一，你也可以采用其他方法。

摊开书本，盯着正中的装订线，扩展视野直到同时看到书页的四个角。放宽视线，不聚焦在文字上，留意行间的空白，想象一下书的四个角对角相连，两条对角线呈X形。经常进行这样的训练，眼睛就更容易意识到四个角同时进入视野（左右眼视力相差较大的人也可以使用这个技巧）。

　　我要再次重申，请轻松愉快地练习"摄像焦点"。不能急于求成，也不要急躁，愉悦放松的练习才是成功的秘诀。如果尝试了两三分钟仍然无法成功，请先闭上眼睛休息一下。

　　这些练习有强化视力、平衡视线的功效。所有自然恢复视力的方法，最基本的就是要做到放松，所以切记让眼睛有足够的休息时间。

　　这些也并非让我们练习如何看见幻觉，其关键在于"不固定焦点，学会让视线分散的方法"。也许你需要花点儿时间才能做到"软眼"，同时在进行影像阅读时维持摄像焦点的状态。但不要着急，慢慢来就可以了。

　　最适合影像阅读的姿势是挺直后背坐在椅子上，视线与桌子成45度角（与眼睛成90度角），这样拿着书本是最好的姿势。此时，轻轻收起下巴，挺直腰背，能量可以更顺畅地流向大脑。

　　视线通过书本中央是最理想的，初学者将视线越过书本的上半部分看远处也没有关系。如果难以看到悬页，也不要太过纠结，试着在脑海里想象连接书页4个角的X字。

保持稳定的状态，有节奏地翻页

　　在刚开始的阶段，"快速学习模式"和"摄像焦点"的状态都不太稳定，时不时地就有杂念和消极否定的想法来扰乱我们的注意力，或者你又回到自动模式，将焦点放在书中的文字上。如果遇到这样的情况，请告诉自己：现在最大的目标，就是保持最理想的学习状态。

想想那个橘子并将它放在后脑勺的斜上方（参照第3章），再次去确认悬页。

我再为大家介绍两个在影像翻阅过程中保持稳定的窍门。

第一个是保持一定的速度深呼吸；第二个是配合翻页的节奏，在心里反复默念一些简单的词语。这样一来，我们的"意识"会集中到呼吸和反复默念词语上，可以避免注意力的分散。此时重要的是，选择一些积极、正面的词语，有节奏地进行默念。这样做既能让精神高度集中，又可以防止消极想法乘虚而入。

保持稳定的状态，让我们能够迅速、高效地拍录下书中的内容。按照一定的节奏翻页，也有利于大脑在摄入页面信息时保持放松，更容易吸收书中信息。

我们再来复习一下保持快速学习模式的步骤：

• 挺直背部，不翘腿，双脚平放在地面上。

• 保持一定的频率深呼吸。

• 以每1~2秒的速度翻一页，保持这个节奏。用"软眼"同时观看摊开的两页内容。视线穿透书的中央，确认找到悬页。如果看不到悬页，主动感受书的四角和空白部分，想象将4个角连在一起的字母X。

- 翻页时在心中反复默念一些简单的词语，一个音节翻一页。

例如

放、松、放、松……

4、3、2、1……

放、松、放、松……

保、持、速、度……

翻、阅、书、本……

- 翻页时即使多翻了几页也没关系，继续往后翻，之后翻看时再补上就可以。

- 配合翻页的节奏在心中默念，将意识集中在默念的词语上。

- 如果浮现杂念，要将意识拉回到手头的动作上，摒除杂念。

结束时的自我肯定

在结束影像翻阅的时候，你会下意识地问自己："这本书到底写了些什么呢？"这是一个非常自然的"主观意识"的反应。

如果你对某个人说："我刚刚在3分钟之内用影像翻阅看完了这本书。"对方一定会问你："那你说说看，书里写了些什么呢？"

对于速读法，喜剧演员伍迪·艾伦曾经这样开玩笑："我刚刚读完了《战争与和平》，讲的是关于俄国的故事。"

这说明在进行影像翻阅的过程中，主观意识层面上并没有吸收到任何信息或吸收到的信息非常有限。影像翻阅正是这样一个绕过主观意识，让潜意识去收集信息摄入大脑的过程。所以有人这样说，也没有错。

但是，这仅限于意识层面，千万不要以为在潜意识层面，我们也没有获取任何信息。但凡有了这种消极的念头，真的会产生否定的效果。

换种说法，如果你总是嘀咕"什么都没记住"或者"怎么可能做得到"，就会向大脑发出"不用记住影像翻阅过程中获取的信息"这样的指令。如果心中充满否定的语句，你所担心的事态就会变成现实。

影像翻阅直接将信息输入大脑的神经网络中，信息在未进入表意识认知前就被自发地处理完毕了。为了事后能够调取所获信息，就必须在结束影像翻阅时，明确地给大脑下指令，让大脑整理获得的信息，以备日后活用。

给大脑发出指令的方法中，自我肯定是一种有效的手段。在我们的讲座里，每次都会进行以下的自我肯定。

"我现在已经获取了这本书的印象……"

"我把这些信息全部交给我的身体和心灵去处理。"

"我期待今后用各种方法提取这些信息并加以利用。"

在进行影像翻阅后，你的心中会对所收集到的信息产生反应。自我肯定会在潜意识中发挥作用，促进这种反应。

试想能把通过影像翻阅获取的内容以不同的形式从大脑中提取出来，是不是很令人激动呢？

"在表意识和潜意识之间架起一座桥梁，让信息能够自由流通"，这样的想法也非常有意思。身心越是放松，越是能简单、轻易地察觉到流动在意识之间的信息。

现在，影像阅读法第三阶段的6个基本步骤就结束了，你觉得怎么样呢？是不是很简单？但是，千万别小看影像翻阅，它能为你带来革命性的转变。

睡前的影像翻阅

运用影像翻阅，信息会像洪水般涌进神经系统中，简直就像用消防车的水管喝水一样。让我们贪婪地用潜意识的力量来处理和吸收信息吧，同时不要忘了放松和离开表意识。

大脑在睡眠时会处理潜意识接收到的信息。20世纪初进行的一项调查研究表明，人类潜意识层面接收的信息能够影响他（她）的梦境。所以，如果睡觉前进行影像翻阅，最好选择那些能够稳定心神、让心情愉悦的内容。

小结

在这一章中，我们学习了第三阶段影像翻阅的6个步骤，依次复习一下：

1. 准备工作。

2.进入快速学习模式。

3.开始时的自我肯定。

4.进入摄像焦点状态。

5.保持稳定的状态，有节奏地翻页。

6.结束时的自我肯定。

还没有尝试过这个过程的人，可以先花几分钟的时间试着对本书进行一次影像翻阅，或者在今晚睡前挑选一本内容积极乐观的书进行影像翻阅。

现在，步骤一（准备）、步骤二（预习）、步骤三（影像翻阅）这些内容已经向大家做了介绍，也是为将你所需的知识调取到表意识层面做准备。接下来的第六章中，我们将会学习步骤四（复习）的具体方法。

步骤四
复习

"复习"是利用我们大脑所持有的优秀能力运作的一个步骤。大脑的这个能力可以"将接收到的信息分类后进行模式识别"。

在"影像翻阅"之后，你有意识想了解的信息被储存在潜意识的区域中。如果不进行分类和模式识别，文章就只是单纯的符号罗列。就像光线、声音和其他所有的感觉都是独自存在着一样。心理学之父威廉·詹姆斯曾经说过："对新生儿来说，整个世界充满了繁花盛开的嘈杂和混乱。"

在这个步骤中，我们将散乱的文字和文章进行有意义的分类，识别它们的模式后，达到能把握并理解要点的状态。习惯之后，你会发现掌握那些占文章整体4%~11%的关键信息，也能达成你的阅读目的。通过"复习"，说不定能够唤醒进行激活工作的兴奋感。

"复习"这个步骤，最好在影像翻阅之后马上进行。当然，要是实在没有时间，间隔一天或者一天以上也没有关系。如果间隔很久再进行复习的话，可以再次进行影像翻阅，以刺激大脑，只需几分钟时间就能完成。

"复习"步骤如下：

1. 调查。

2. 寻找触发词。

3. 提问。

调查

不仅要浏览书的题目、目录、黑体字，再明确以下几点才能让文章结构更清晰：

- 写在封面和封底的语句。
- 版权页（出版年月等）。

（这些可能在预习的步骤中就确认完毕了。特别是需要与时间序列相关的信息时，一开始就要确认出版年月。）

- 索引。
- 本书的第一页和最后一页，如果文章比较简短的话，读第一段和最后一段。
- 黑体字和斜体字标注的内容，大标题和各个章节的小标题等。
- 专栏、数字、示意图、图表等。
- 介绍报道、摘要、他人的感想或评论等。

以上述要素为基础确认文章的结构，这样一来，能让你更容易地判断这篇文章是否符合你的阅读目的。

寻找触发词

在阅读文章时，你是否有过这样的经历，突然觉得一个单词非常显眼，好像能自动蹦出来寻求关注一样。这样的词语有力地表达着许多作者想要传达的信息。

它们的存在感非常强烈，仿佛不停地在向你招手，这就是"触发词"。

触发词是作者为了强调某一点而多次使用的词语，是这本书的核心关键词，能够正确引导读者理解原文的意思。

如果找到合适的触发词，我们更容易准确地设定一些问题，以便从影像阅读获得的信息中找出答案。带着问题进行激活，大脑会关注文章里出现的触发词，促使我们迅速理解文章内容，达成原先的阅读目的。

找到触发词并不困难。比如在本书的第二章中，触发词就是："从小学开始被灌输的（旧有的）阅读法""思维定式的转换""目的""固定观念"等，只要看到这些词汇，就能够回想起第二章的内容了。

这些词句还能够刺激你想知道"到底是什么？"的好奇心。可以说，如果能够深入理解这些词汇的意思，就能够轻松地掌握第二章的内容。以这些词句为契机，我们可以高效地抽取出文章中的信息，能够将它们当作有价值的知识使用。所以，触发词正是文章的精华所在。

在纪实文学中，触发词比较容易找到。短篇小说和诗歌的话，人名和地名等很可能成为触发词，所以也可以试着找一下。

寻找触发词是一项令人非常开心的工作。就好比迫不及待地想要跳进水池里，从水面探视一番。试着自己找一下触发词吧，一下子翻20页左右，迅速地浏览，挑出你注意到的词句。

封面、目录、每章的大标题和索引等，都能够成为寻找触发词的线索。比如，翻阅索引就能够发现，根据参照页的多少就能看出哪个词在文中频繁出现。这些词句很有可能是重要的触发词。

试着从一本书里找出20~25个触发词。如果是更简短的文章，大概找到5~10个触发词在心中默记下来就可以。切记不要花太多时间，两分钟之内完成寻找过程。

放松身心，在愉悦的心境下寻找触发词，自然而然就能够发现有强大存在感的词句了。

提问

人脑最为可贵之处在于，一旦有了疑问就会去寻找答案。首先，提出问题是十分重要的。

在"激活"的过程中，为了挖掘问题得到更好的答案，我们会用到触发词。针对这些问题，在"激活"的过程中，逐步寻找答案。在列举出的触发词中，会有几个你"特别想知道答案"的词语，这些就是对你特别关键的触发词了。

最重要的是，在这些触发词激发起你的好奇心后，要积极地提出问题，带着问题意识阅读，将心中产生的疑问逐一写下来，这对下一步骤"激活"有很大的作用。

顺利进行复习的秘诀，就是在这个阶段并不深入细读理解。你可能抑制不住愿望，想要停下复习马上进入阅读找到答案。这时，请先暂缓"立即想要知道"这一急迫的心情，将这种执念先放在一边，专注于设定更多的问题。

影像翻阅后，大脑为了归纳整理信息，需要有"生产性的休息时间"。如果这时马上开始阅读，速度就会放缓，很容易回到逐字逐句阅读的"旧有阅读法"中。在这个过程中，不仅时间白白流逝，渐渐对书本失去兴趣，甚至可能一不注意就睡着了。

你也不愿意浪费时间吧？所以，为了最大限度地利用有限的时间，先不要一上来就追求详细的内容。"坚持不看"反而能够推动"想读"的意愿。在此先列举出一些你想要详细了解的内容，在头脑中做一个"信息整理箱"。

复习最大的好处在于营造出一种"渴求信息状态"。这样，你对读书这件事会变得更加积极，大脑也为了达成你的目的释放出强大的能量。

我们来复习一下这章中学到的内容：

· "复习"应在影像翻阅后的5～10分钟内进行。为"激活"影像翻阅中获得的信息做好准备工作。

· 复习由"调查""寻找触发词""提问"这3个步骤组成。

· "调查"是指迅速浏览以目录为主的内容，把握文章的组成结构。你需要比预习的时候更仔细。

· "触发词"是指通篇文章的核心关键词，通常在文章中被反复提及，十分显眼，有着强烈的存在感。一本书中触发词一般应找出20～25个，更简短的文章中找出5～10个。

· "提问"是指对自己想知道的内容提出具体的问题。注意要提出一些容易在"激活"过程中找到答案的问题。用"触发词"创造出高质量的问题。

· 将复习过程中收集到的信息放入"信息整理箱"中，便于大脑整理和记忆。另外，激发好奇心，营造出"渴求信息的状态"，更好地激发阅读的积极性，达成目的。

接下来，将继续为你解答心中的各种疑问，让我们进入"激活"这一步骤。

第七章

步骤五
激活

明尼苏达州的某个大学教授有一次受邀举办演讲会。他决定用两本书拟定演讲的内容。他计划第二天要"激活"这两本书，于是在当天晚上睡觉时对这两本书进行了影像翻阅。

那天夜里，他居然梦到了自己在演讲。梦醒时他跳起来，迅速拿出放在枕边的笔记本，拼命地回忆梦境中梦到的演讲内容，把它们都记录下来。

第二天早上，他重新查看笔记本中记下的内容，发现只需要稍加修改，就是一篇非常完美的演讲稿了。后来，他再一次翻阅了那两本书，发现这篇梦中的演讲稿的确抓住了书中的重点内容。

我非常喜欢听影像阅读者们讲述这样的成功经验，这些鲜活的例子在实际生活中也时有发生。对于那些初学者来说，也许他们会觉得自己达到这样的水平还为时过早。

在这一章中，我们将学习如何从影像翻阅过的内容中抽取自己所需的信息。

什么都不用做，只要晚上做个梦，就能够完成第二天的演讲稿或在考试中获得好成绩，我并不打算说这样的大话。我想告诉大家的是：只有经过"激活"的过程，将信息从大脑中提取出来，才能够帮助你理解书中的内容。

影像阅读·全脑思维系统的最后一步"激活"将告诉你，你为了达成阅读目的，将从意识层面认知那些所需的必要信息。

通过步骤三的"影像翻阅"，你已经得到了自己想要了解的信息。而通过"激活"这个步骤，你可以从中挑出那些必要的信息，逐步进行深度阅读，从"只是有点儿印象"上升到"理解、熟悉"，最后升级到你所期望的"知识掌握"水平。

"激活"工作在影像翻阅之后进行，这与一般阅读之后绞尽脑汁回想原文内容是完全不同的。"激活"并非动用分析理论意识强迫"大脑回忆"，而是一种技巧，为了再度刺激因影像阅读而新形成的神经网络。

如果想要在意识层面有所理解，就必须有明确的目的，以积极的姿态深入其中。"激活"是能够从文章中找出与设定目标相符合的信息的一个过程，如果目的不明确，"激活"这个步骤就失去了价值。

"激活"分两种："自然激活"和"有意激活"。

"自然激活"是指你不用主动努力，自然而然就会发生的激活现象。你有没有这样的经历，绞尽脑汁反复思考后也没有答案的问题，突然灵光一闪："啊，这样就行！"问题瞬间迎刃而解。在拥挤的人群中一下子就认出了自己的朋友，或者一瞬间想起好几个月前见过的人的名字，这样的经历，相信每个人都有过。

而这样的激活现象，是过去的体验，是与早已在脑中分布着的神经模式相结合而自然产生的。我们周围环境中的某个要素成为一种意想不到的刺激因素，让过去收集到的相关信息一下子迸发出来。

坚持进行影像翻阅的话，会经历一些这样的"自然激活"。但这种类似于天上掉馅饼的情况具有不确定性，并不是每天都会发生的。所以不能过于依赖这种方式。

所以，更加重要的是有意激活。在这里你可以自己制订计划实施激活这个步骤。本章中让我们来关注"有意激活"，一起来学习如何做到吧。

在"有意激活"过程中，将文章本身作为刺激大脑的媒介，再次刺激影像翻阅过程中形成的新的神经网络，将你需要的信息提取到表意识层面上来。

尝试"激活"以后，你就会切身感受到理解能力正在不断提高。首先认知文章内容，接着把握文章概要、熟悉文章结构，最后确实掌握你需要的知识。在理解渐渐深化的过程中，仔细观察自己是如何感受、如何思考以及如何行动的。

直觉所发出的信号，每个人的接收方式都不尽相同。请客观地观察自身、磨炼直觉、提高激活水平、找出最适合你的激活方法。

激活的5个步骤如下所示：

1. 生产性休息。

2. 重审问题。

3. "超读 + 摘读"、"跳读"。

4. 绘制思维导图。

5. 高速阅读。

生产性休息

在影像阅读法的复习结束之后，有必要主动离开表意识，放下一些信息，先合上书本休息片刻吧。因为这是"创造性的偷懒"，所以尽管理直气壮地去偷懒！你现在手头虽然闲着，但是大脑还在拼命地运转，这些信息在大脑中慢慢成熟，我们把这会儿偷懒的工夫称为：有生产性的休息时间。接下来的工作都交给大脑，至少离开书本10 ~ 20分钟。如果时间充裕，最好等一个晚上。

"努力创作后，休息一阵子，留出促使成熟的时间"，这是作家、艺术家、音乐家和科学家们常用的方法。休息时间并不是闲来无事，因为其实大脑没有任何休息时间，一年365天，一天24个小时，大脑不分昼夜地为我们勤勤恳恳地工作。即使是在睡觉时，它也能通过梦境为你提示工作中面临的棘手问题该如何解决，将现在的所思所想与大脑中已存的相关知识连接起来。

从影像翻阅过程收获的信息，必须要使其在大脑中消化成熟。让我们稍作等待，让信息完全进入大脑的神经网络。之后，再借用激活的手法从大脑中提取相关信息。确立意识与信息间的连接，有助于你实现阅读目的。

通过"激活"，不费吹灰之力就可以达成阅读目的。我来介绍一个影像阅读法讲师讲述的例子。

一位听讲座的学员为大家读了一首诗，其中出现了"serendipity"（机缘巧合）这个讲师也不太了解的生僻单词。于是当天晚上，她去女儿家时便想要查一下这个单词是什么意思。进了女儿的书房后，她一边想着有什么能够做参考的书，一边进入摄像焦点状态环顾整个书架。接着有一本书像磁铁一样强烈地吸引了她的注意。这本书是5个月前她在影像翻阅后借给女儿的。她随意翻开这本书，恰巧在翻开的那一页的右下方写着韦伯大词典对"serendipity"这个词的定义。

大脑的信息处理能力能够以这种绝佳的形式发挥出来，带给我们惊喜。"serendipity"这个单词的意思是机缘巧合发现了好的东西。简直是名副其实的机缘巧合，没有比这更贴切的例子了！所以，只要提出贴切的问题，大脑一定会给你满意的答案。

重审问题

有生产性的休息时间过后，需要我们重新审视一下在复习阶段提出的一些问题。重新看一下触发词列表就会发现好奇心升级，不管是对整本书还是自己感兴趣的个别事例，你都会兴趣盎然。

　　你会有很多想去了解的内容。关于整篇文章，你可能想了解：这篇文章究竟写了些什么？作者的主张是什么？这和我有什么关系？关于个别事例，你可能想了解：如何在考试中获得好成绩？怎样才能把报告写好？明天的会议要怎样发言？

　　光看目录和各个章节的大标题，可能已有各种各样的问题涌入脑海。

　　打开沉睡在大脑潜意识深处数据库大门的那把钥匙就是"抛出问题"。通过提问，我们能够开启信息的集成线路，得到所希望的答案。向大脑提问，不仅好奇心随之增强，还能够帮助你找到最佳方法，指引你达成阅读这篇文章的原定目标。

　　向大脑提问的重点在于"不急着马上找到答案"，答案总会水落石出的。在激活这个阶段，拼命想找出任何线索或答案，只会让自己感到失意挫败。

　　在刚结束影像翻阅后立即搜寻信息的话，意识只会在新的记忆中搜索。如果没查到有效信息，就会放弃搜寻，同时切断与大脑潜意识中庞大数据库的连接。我们不要刻意追求"想起什么"，而是要将重点放在"问什么"这个方面。

　　在这里，我们重新审视一下提问，决定当下最为重要的问题。影像阅读所获取的信息会储存在大脑的巨大数据库中，伴随着这个提问，我们与数据库接通桥梁，同时开启理解内容的程序。

　　重新审视问题，正是激活的第一步。为了达成目的，在大脑表意识下层的数据库中搜索信息，并打开这个开关。将心中浮现的问题写下来，或向他人说明问题的时候，开关同时也被打开了。

在设定提问时，请再次注意强调答案的重要性。追求答案的意愿越是强烈，越能够使你提出高质量的问题。

现在进入身心放松的高度集中状态——集中学习模式，试着向自己提问吧。请相信，只要发自内心的"求知"，就一定能够"得知"。怀着这样的目的和信心，请坚持向大脑提问，连接意识和前意识的那座桥梁就会变得更加坚固，你也一定会获得令人惊讶、兴奋的成果。

"超读 + 摘读"、"跳读"

要深入理解文章内容，最好的办法就是反复加深理解。如何叠加下一层理解？我们会用到"超读 + 摘读"阅读法。

重审修改问题后，让我们再浏览一下全文，去寻找答案。你想从这篇文章中知道什么？这些相关内容都在哪里？

激活的第三个步骤"超读"，将整篇文章分成几个板块快速浏览，寻找自己想要的答案所在。

首先，进入"集中学习模式"，对照阅读目的和希望得到答案的问题，翻开最吸引你的章节。不需要按顺序从第一页开始读，而是看目录，或是随意翻页，这时可能会感觉某个章节比其他章节看起来更重要。可能那个章节里的内容牵动了你的视线，带来了"视觉信号"，帮助你找到与答案相关的线索。这份线索和你的阅读目的息息相关，很可能是每章的大标题和小标题，从这些部分开始读起。

一旦决定了要阅读哪个部分，就可以开始用"超读"来阅读了。

将视线集中在每页的中间部分，从第一行到最后一行快速地滑动视线，同时寻找具有意义的词语。阅读时将视野放宽，让眼睛能看到整行的内容，这样目光能够更顺畅。刚开始，要看到整行内容有点儿困难。如果有意识地让视野中收入更多事物，就可以拓宽视野，在看着书页中央部分的同时渐渐能看到更多的词句。

如果是竖版的日语书，文章通常是从右往左展开的。这时，选择文章竖列的中央部分，从右往左移动视线。

如果是横着印刷的英语原版书，文章是从上往下展开的。这时视线定在书的每行中央部分，从上往下移动。

进行超读时，请注意进入你周边视野的内容。就算暂时会弄不清文脉结构，也不必担心。当视觉的认识范围一旦得以扩展，对眼前文字的焦点就会松缓下来，这样大脑就能放松，更容易注意到重要文字和段落。

此时，如果你发现有引起你注意的部分，这就是我们要进行"摘读"的内容。不要怀疑自己的直觉，针对让你在意的地方飞快地阅读其周边的一两句话，理解大意。如果你感觉到从此处找到了所需的信息，继续回到超读。

你不清楚要"摘读"哪个部分？这也不必烦恼，只要跟随自己的直觉就可以了。你的大脑已经将整篇文章进行了影像翻阅，应该明白重要的部分在哪里，当超读到那个部分时，你的周边意识一定会给你暗示。

你停下来摘读的那个部分，并不需要说明理由。这些信号早已超越了理论和语言所能解释的范围。只要周边视野窗口的文字信息范围内出现了符合你的问题的内容，大脑的潜意识数据库就会给出信号。你只需遵从这份暗示，跟着它的指引找出你要的信息即可。

在影像阅读法的讲座中，为说明超读，我会请出美国漫画的英雄超人登场进行说明！

请大家想象一下自己是第一次来到地球的超人。

你从10万英里（约16万千米）的远方眺望着地球，地球看上去像一个旋转着的蓝色球体，你朝着地球径直飞下来。

当距离地球约1万英里（约1.6万千米）的时候，你开始能够看见大陆的轮廓，也能够意识到这颗星球大部分都是被水包围着的。更加接近一点儿的话，就能够看到沙漠、热带雨林、大草原、山脉等富于变化的大陆地形。

突然，一个被蔚蓝色大海和美丽沙滩环绕的生机勃勃的绿色森林小岛吸引了你。你在小岛上暂时着陆，在岛上探险或者潜入海中。探索完以后你满足地飞向天空，寻找下一个着陆地点。

这个例子形象地说明了"超读＋摘读"的不同。超读从上方俯瞰文章整体；而摘读则是挑选能达到阅读目的的部分暂时着陆，只阅读这个部分，从中得到详细的信息。

话说回来，这个技巧不仅仅能运用在阅读方面，同样适用于寻找东西。大脑中所堆积的数量庞大的信息在任何场合都派得上用场。

我的妻子利比又一次去车库拍卖会。在这个拍卖会上，有一个房间摆满了等待出售的二手书。当她走进那个从地板到天花板摆满了各种书的房间时，立刻进入了摄像焦点状态。她在心中说道：这里会不会有我丈夫想要的珍贵的二手书呢？突然，她被一本书吸引住了，她走到书架前，抽出了这本书。她知道这正是我最想要的那本书。虽然利比觉得没有比这本书更适合我的了，但是以防万一，她还是花了20分钟时间，仔细地看了其他书的书名。预料之中，并没有找到其他适合的。

所以，进行超读或摘读的时候，请务必相信自己的直觉，有时，你的直觉可能引领你捕捉到和你目标相符的信息，可能就在你随手翻开的那一页上，不要放过大脑发出的每个微小的信号。

"超读＋摘读"与其他的影像阅读·全脑思维系统的步骤相同，都是积极主动地去接触文章，不停地提问以达成目标。在使用这些方法后，可以得到充分的信息用于做出重要决断。

这些信息如下所示：

"能够归纳这份文字材料要点的文章和段落在哪里？"

"这篇材料跟我的目的有多大的关系？"

"是否有必要进一步深入这篇文章？还是换一篇文章阅读比较好？"

摘读过程中，我们可能会碰到一个常见的问题，那就是，在常年的学校教育中，我们养成了"不从头到尾阅读完就难受"的阅读习惯，以至连那些与目的无关的内容都会悉数读完。

比如，我们原先准备对文中作者用来说明自己重要观点的部分事例进行摘读，到这里并没有什么问题。但是，如果接下去只是一些无关紧要的多余例子，那再继续阅读无疑就是浪费时间。如果太拘泥细节，就容易越陷越深，偏离主题而越走越远。

以往的这种阅读方法的可怕之处就在这里。如果没有全部读完整本书的话，心中就会被一种莫名的罪恶感折磨，就好像回到了小学二三年级被老师训斥的时候："等等，停下！你刚才漏了一个单词啊！再从头开始读一遍！你读得还不够仔细，这次一定要给我好好读！"

如果心中再听到这样的声音，还是象征性地先谢谢这个忠告，然后果断地无视吧。

进行超读的时候无须因为跳过某些部分而产生罪恶感。从小学开始，你就被教育要读完书中所有的文字，还要理解、记忆并且评断这些内容。但是，阅读达人们在50多年前就开始指出这是最差劲儿的阅读方法。理解的真正意义在于多次反复、分阶段慢慢深入。在重复"超读＋摘读"的过程中，能够揭开未知的面纱，渐渐深入文章的核心。

相信你的直觉，如果心中有个声音告诉你"就是这里"，那么，不要犹豫，立即摘读这部分吧！

如果这个地方看上去实在没有什么重要的内容，请再次回想一下你的目的。告诉自己只需要阅读对目的有用的地方，然后再次进行摘读。只要有确定的目标，大脑就会自然发挥它本来的能力，引领你寻找到必要的信息。

阅读权威专家弗兰克·史密斯在他的著作《有意义的阅读》中指出：阅读时，努力边读边记的话反而会妨碍理解。在阅读的同时想要做到一字不漏地记下原文，注意力都集中在了记忆和担心忘记方面，产生的不安阻碍了对内容的理解。

我想向那些容易产生不安情绪的人们介绍罗素·斯托夫在他的著作《视阅读为思考过程的教学》（*Teaching Reading as a Thinking Process*）中列出的一些意味深长的统计数据："一篇文章的重点，大概只占整体的4%～11%。"有些日语文章，只需阅读文中那些汉字，就能够掌握文章大意了。

对英语文章，有个方法可以测试它是否易读，每隔5个单词就消掉4个，将剩下的那些单词连成句子，看看是否能够猜测出文章的大意。如果那篇文章水平很高的话，基本上用这个方法可以掌握大致的意思。

理想的摘读

以下是进行"超读＋摘读"时的基本准则。

摘读时，如果是杂志的报道，只需要看其中1～2段；如果是书，摘读范围请控制在2页以内。让我们回到超人的例子，作为超人必须做的事并不是欣赏风景或是和当地居民交流，应该将探索整个地球放在任务的第一位，而不是最初看见一个岛就定居下来，在那里度过余生。

摘读乍一看跟普通的阅读方法十分类似，但有一个决定性的不同点，那就是在轻松、愉快的氛围中自然顺畅地阅读。

在影像阅读·全脑思维系统中，反复进行"超读＋摘读"，对文章就越熟悉，了解就越深入。设定问题后，用"超读＋摘读"来寻找答案，就好像和作者进行一场丰富、密切的对话一样。这可以说是这套阅读系统中最令人愉快的一个步骤。

对影像阅读者来说，这是一个探求睿智、解决问题、追求幸福人生的旅程，比你遇到的任何冒险故事都更加充满兴奋和惊喜之情。

"超读＋摘读"，并不局限于阅读，日常生活中同样能发挥作用。

有个珠宝商每年都会参加展会，为了能提高采购效率，于是想要尝试一下影像阅读法。

首先，他站在大会场的角落，"环视"整个会场。然后进入摄像焦点状态，快速地走过通道，对所有的展位都进行了"影像翻阅"。接下来，边走边想自己想要采购怎样的宝石放在店里，开始进行"超读"，路过各种各样的小店时，只在那些让自己眼前一亮的展台前止步，进行"摘读"。于是，他仅在两个小时内就买到了自己想要的宝石。而以前，他想要获得同样的成果，通常要花整整5天时间才能采购齐全。

在实际生活中随时运用影像阅读法，就和这个珠宝商一样让它自然而然成为你的习惯。这样一来，影像阅读法并不只是一种从书本中收集信息的方法，还是一项神通广大的多功能工具。

跟上作者的"思考列车"

进行"超读＋摘读"时，我们应该尽量从重要的部分开始阅读。一般来说，我们到15岁为止接受的教育和训练，已经能让我们了解文章的组织结构和表达方式，使我们有一定的能力找出重点、掌握信息。

例如，在一本书中找到一段说明主题的文字，比起其他段落，这段文字包含着更多能找到主旨的线索。通常，日语写作法都以"起承转合"的框架结构为主；而美国的小学教育中的"五段落"写作法，大多把主题和结论分别写在第一段和最后一段。

在激活新闻报道和书本时，必须找出重点部分，并了解文章结构，把握作者论点的叙述方式，也就是写作设计图。配合作者的写作特点和设计图进行"超读＋摘读"。

说得更明白点儿，我们知道作者一般都在文章开始的部分"提出问题"，然后一步一步说明"解决问题"的方法。

因为已经掌握了文章的结构，所以如果我们想了解解决方法，可以跳过没用的部分，直接找到摘读的地方，迅速达成目的。

在影像阅读法的讲座中，我将这个方法比作"作者的思考列车"进行说明：

- 作者所提的问题是牵引列车前进的动力。

- 将在大量信息中与问题相关的推论比作主要的"货物"，这批货物中包含着作者的清晰观点和说服读者的素材。

- 结尾时，提出问题的解决对策和方法。

　　"思考列车"是作者展示信息的一种形态（框架），另外还有多种形式。看清楚文章的结构，就明白应该在哪里进行"超读＋摘读"，以便迅速获取必要的信息。那么"超读＋摘读"与常见的的速读法有什么不同呢？

　　关键在于，"超读＋摘读"都是在"影像翻阅"之后进行的。也就是说，事先将整篇文章摄入大脑，储存到潜意识的数据库中。"超读＋摘读"是连接大脑庞大数据库的方法，通过这些操作，将需要的信息反映到意识层面上来。

　　而常见的速读法只是利用主观意识，一味地强调提高"阅读速度"。

　　此时，我们的目的并不是背下整篇文章的内容，并且能够随时回忆出来。"超读＋摘读"的作用在于理解文章结构，只找出主要信息，将文章内容进行重组，概括整篇文章的主要内容。这样，不仅能加深理解，而且有助于长期记忆。

"跳读"

　　对那些善于逻辑思考的读者来说，可能另一种阅读方法"跳读"（水黾起舞）比"超读 + 摘读"的组合方法更加有效。

"跳读"是由迈克尔·贝内特博士开发的方法。因为这个方法是用眼睛快速地扫过整体阅读内容，所以对习惯分析、思考的人来说，不会产生不安的情绪。贝内特博士在他的著作《发挥伟大力量的四个方法》（*Four Powers for Greatness*）中，认为跳读法比速读法更加有效。作为激活的一个技巧，可以说"跳读"法是可以替代"超读 + 摘读"法的另一个好方法。

"跳读"对像教科书这样的以传达信息为中心的长篇文字材料特别有效，在短时间内理解大量内容，可用于书、论文、报告、电子书等各种文章体裁和形式。"跳读"是浏览整篇文章或者各个章节的方法，可以单独使用，也可以分别和"超读""摘读"组合起来使用。熟练以后，可以根据文章体裁和形式，自由选择合适的阅读方法。

"跳读"是迅速浏览文章，眼神迅速并不规则地跳动。这种不规则的动作，仿佛水黾在水池上来回轻盈起舞的样子，所以以此命名。

就像水黾在水面上轻快地跳来跳去一般，跳读时，目光也在文章上轻盈地滑动。与此同时，大脑能够将与这个段落中与主题相关的词句都过目一遍，不太会遗漏重要信息。既然我们知道，一篇文章中真正重要的部分只占全体的4% ~ 11%，用"跳读"来阅读文章的话，大脑就能够挑拣起重要的语句，其他不重要的部分就可以安心跳过。因为会浏览整篇文章，所以也能够减少担心遗漏的不安情绪。

激活工作的"跳读"，其方法如下：

- 进入最理想的阅读状态，集中学习模式。

- 再次确认目的。

- 迅速阅读即将进行跳读段落的第一句话（主题句）。

- 快速从除了文中第一句和最后一句话以外的其他内容中找出
与主题相关的单词，注意要找与主题句相关的词语。视线呈锯齿形
从右往左或者从上往下移动，逆向也行；也可以按照顺时针或逆时
针方向从中心向外侧一圈一圈旋转；或从书页的中心向外侧，或者
从外侧向中心移动。目标在于使眼光能够扫视整页内容，让大脑捕
捉能够补充说明主题句的材料。你可以自由尝试各种不同的方
法，找出最适合自己的一种。

- 遇到意思不清晰的段落，阅读其最后一句，以此类推，跳
读其他段落。

绘制思维导图

打开我研究生时期装笔记本的箱子，我发现我记录了两种完全
不同类型的笔记。

一种是非常常见的笔记方法，将教授说的话一条一条地全记下
来，密密麻麻的看上去像一篇文章。读起来也非常困难，每次准备
考试时都要花很多工夫去解读这些笔记，现在想起来还有些后怕。

另外一种笔记法叫作"思维导图"，利用五颜六色的图形，使笔记看上去简洁明了。学会思维导图后，不管做笔记，还是复习笔记，都会让人感觉很轻松。现在，只要再看一下画过的思维导图，多年前的课堂内容还能清晰地浮现在眼前。"思维导图"从根本上改变了我的学习方法。

思维导图是一种能在短时间之内掌握并且立即见效的技巧。不仅能锻炼长期记忆，还能帮助归纳、整理用"超读＋摘读"得到的信息。

我试着把影像阅读·全脑思维系统的5个步骤，整理到一张思维导图上。只要看到这张图，你就能够把握这个技巧的基本原则。

- 把核心概念画在纸页正中。
- 在从中心向外呈放射状延伸的线条上写下辅助或扩展概念。
- 只记关键词，可以用复习时找出的触发词；每个概念用1～3个单词表达。
- 只要是恰当的表达，多用插图、图像、记号、图标等要素，方式不限。
- 使用不同颜色：比如步骤一的单词用红色，步骤二的单词用蓝色等，各个步骤用不同颜色加以区分。

关于思维导图，我再向大家介绍两本书，分别是托尼·布赞的《思维导图》和乔伊斯·怀柯夫的《绘制心图》。

在绘制思维导图时，需要准备一张大一些的纸。如果用A4这种固定尺寸的纸张，建议横过来使用。因为许多人都觉得横过来用才能够写下更多的想法。

思维导图的形式因人而异。即使就同一本书做笔记，每个人会做出不同的思维导图。这是正常现象，就像每个人对事物的感知、思考过程、支撑记忆的印象和相关知识都不同，所以思维导图能够反映出你独特的个性和经验。

刚开始可能不太容易，你就当作激活的练习，轻轻松松地去画。思维导图需要你使用视觉和空间认识能力来记忆。因此，比那些只看文字的方法，思维导图容易直接进入脑中的大容量记忆装置。而且，思维导图能够将大脑的运作完全展现在纸上，各个观点之间不是单线、直线性的逻辑关系，而是以枝节的方式相连，让人感到更自然。

思维导图具有两个作用，一是创建了一个能瞬间加深理解的思维层，刺激大脑，便于提取详细的信息；二是作为唤起记忆的导火索（扳机），帮助大脑回忆。如果你阅读某本书后画了思维导图，建议你将这张画夹在书中。将来，再次读这本书的时候，只要看到这张思维导图，你就能比看一般的阅读笔记更快、更鲜明地回忆起书中的内容。

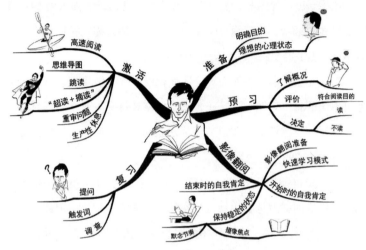

图3　思维导图的图例

当然，思维导图并不是非做不可。不过，我推荐大家在学习影像阅读法时一起学习，多多练习，做到应用自如。

新的记忆形式

你想知道如何提高记忆力吗？

其实，要想立刻明显地提高你的记忆力，配合使用激活的技巧是非常有效的。本书的目的在于转换你对阅读的固定模式。由于阅读和记忆也密切相关，所以在此我们来思考一下"记忆的作用"。

获得诺贝尔奖的神经学家杰拉尔德·埃德尔曼同时也是一位著名的医学博士，著有《被记忆的现在》（*The Remembered Present*）和

《明亮的空气、灿烂的火焰》（*Bright Air, Brilliant Fire*）。我个人对他的研究非常感兴趣，我们的大脑在激活过程中会发生怎样的变化，可以用这位博士的理论进行完美的说明。

根据埃德尔曼博士的研究，记忆并没有保存在大脑中的某个固定场所，而是在我们每次需要它的时候再次呈现。

当我们努力回忆时，会将相关的重要线索和信息再次输入大脑，以其前后关联为索引，沿着以往经验铺成的"神经线路"去寻找。只要有足够的线索，刺激到正确的神经线路，我们想要回忆的想法和图像就会在脑海里"再度形成"，而不是我们以为的"想起来"。

有了这个理论基础，我们就不难理解影像翻阅和激活为何有如此绝佳的效果了。

影像翻阅时，我们的大脑并不是在认知层面，而是通过生理反应处理文字信息。这样一来，神经网络并不是借助文字意思和这些信息产生关联，而是直接与它们产生物理接触，日后更容易与意识层面建立连接。这样一来，信息的吸收度和理解度都有了惊人的提高，大幅提升了我们的阅读效率。

这样，我们不用边看边记也能够瞬间接收重要的信息，因此就不需要为了得到必要的知识而花上好几个小时"死啃"一本书。

这与铺设轨道让列车行驶是一个道理。通过影像翻阅事先铺设轨道，然后在激活时，将文字材料的信息以"超读＋摘读"、跳读的方式再次输入大脑。意识坐上这趟列车，沿着轨道行驶就能轻易地进入重要的信息宝库。

埃德尔曼博士的记忆理论无法在这么短的篇幅中详细叙述，你自身的实践体验理论说明更加重要。生产性休息、重审问题、"超读＋摘读"、跳读以及思维导图，所有这些激活的技巧，都是带你打开体验之门的钥匙。

高速阅读

在影像阅读法的讲座上，经过准备、预习、影像翻阅、复习、"超读＋摘读"和跳读这些过程后，讲师会问学员："有人还想从这本书中了解更多东西吗？"一般会有4成的人举手。

接着，再问他们："具体想要了解什么内容？"有些人已经有明确答案，清楚地知道想要更详细地了解书中的哪些内容。这些人可以再次进行"超读＋摘读"和跳读，就能达到目的。

但是，偶尔有些人会觉得"这个章节非常重要，想要全部阅读"，或是"这篇文章太专业，想更深入地与作者交流"，可能还会觉得"这篇文章含义深奥，想要细细品读"。碰到这些情况，激活最后一个工具"高速阅读"将发挥效力。

如果你希望详细了解文章的内容，但扫描重点的"超读＋摘读"又无法达到满意的效果时，你可以选择"高速阅读"。

或者为了休闲享受而阅读时，这种读书方法也十分合适，让你能迅速地沉浸于作者营造的氛围中。

高速阅读虽然和一般的速读法有相似之处，却有两个根本性的不同。第一个不同就是，它是影像阅读·全脑思维系统的最终阶段。第二个不同在于，它可以自由调整阅读速度。

采用高速阅读，你可以快速读完每章、每节，甚至是从书的开始读到结尾。根据书的复杂程度和重要程度，以及你自己的需要，你可以自由决定阅读的速度，调整快慢。

以下情况，你可以适当加快阅读速度：

- 已经在别的步骤中读过的段落或书页，可以一带而过。
- 同样观点的不同说法、烦琐的表述、已知的内容或是无用信息，这些都可以跳过。
- 如果你认为这一整章内容对于自己的目的都不太重要，可以用影像翻阅的速度迅速翻页。但还是要竖起灵敏的天线捕捉信号，遇到有用的信息时随时停下视线。

而以下情况，则可以放慢阅读速度：

- 出现了不太懂或不熟悉的内容。
- 内容十分复杂，认为有必要仔细阅读。
- 对自己非常重要，想要更详细地了解情况。

总之，高速阅读时你可以自由地改变速度，根据书的重要性和复杂程度，以及对这个领域的了解程度进行调节，时而飞速浏览，时而慢慢品读。

高速阅读中最重要的一点就是"不停顿持续阅读"。通常，遇到看不懂的内容，人们会停滞不前，但这只是旧式读书法的一种固定模式罢了。所以，就算有读不懂的地方，也请保持节奏、继续阅读。

理解需要层层深入和积累。在不懂的地方纠缠不清，反而容易偏离轨道，半途而废。

继续往下读，不久你会遇到让你茅塞顿开的说明和线索，帮助你解开前面遇到的疑难问题。

阅读难懂的书或者教科书时，这个技巧的效果特别明显。运用高速阅读，你经常会发现初读时觉得艰涩难懂的书，在一旦理解了其本质后会越读越顺畅。如果你一直纠结于最初看不懂的30页，那么你永远不会迎来"啊！原来如此！"这样恍然大悟的喜悦瞬间。

在集中学习模式中尝试高速阅读，不断去收集对自己的阅读目的有益的信息吧！

高速阅读也可以用于小说

无论是休闲享受性的阅读，还是为了打发时间翻阅杂志，我都建议大家用影像阅读与高速阅读的组合法进行阅读。这种组合方法对于小说或者纪实文学都非常有效。用这种方法阅读小说，你的潜意识会事先处理信息，对普通阅读法无法触及的深层神经线路产生影响，因此，能更深入地体味小说，得到更丰富和愉快的阅读体验。

一位影像阅读法讲座的学员，在体验后感叹道："用了这个方法，我再次发现了读书的乐趣！"

选择高速阅读，还是超读？

经常有人问我，高速阅读和超读有什么区别？乍一看，这两种方法的确十分相似。首先，高速阅读是将一整本书或者将某个章节从头到尾一气读完的一种技巧；而超读是指在这本书中找出某个吸引你的部分，将这部分以每行的中间位置为基点自上而下迅速地浏览，搜寻对自己重要的信息。

如前所述，高速阅读有时也可以减慢到普通阅读的速度。当你要理解专业的图表或者数学公式，或是品味、吟读一首诗，都可能需要放慢阅读速度。

相反，超读必须维持快速，在必要的地方进行摘读，并不需要从头开始一页一页地依次阅读。

在前文中，我把超读比喻成"来自宇宙绕着地球飞行，努力寻找着陆点的超人"；高速阅读可以比喻成"划着皮划艇沿河漂流"，这个比喻最为贴切：既有迎着浪花激流勇进的时候，也有随波逐流平缓滑行的时候，甚至有时候会穿越礁石浅滩……重点在于，要一直保持积极的心态，集中注意力，根据不同场景，调整自己的阅读速度。

高速阅读并不是整套系统的必需环节。有时候，当你做完了预习、影像翻阅、复习和激活的最初几步，就已经充分达成了你的阅读目的。尤其是商业书籍，基本上没有高速阅读登场的必要。阅读报告书或者说明手册这些与商务相关的文章，大多以收集有用的信息为主，运用其他的激活技巧也完全可以满足需要。

另外，在阅读教科书或者是为了享受乐趣而读书的时候，因为更多的内容需要读者有意识地去探究，所以高速阅读的登场机会也就增多了。

而有很多喜爱小说的影像阅读者们，还会在进行预习以及影像翻阅之后，省略掉其他的激活步骤，直接进行高速阅读。

所以，请大家多多尝试和利用影像阅读·全脑思维系统提供的多种精彩技巧，享受它带来的乐趣，你一定会找到有助于达成阅读目的最佳方法。

影像阅读系统是这样运作生效的

高速阅读能给读者带来更多的安全感，因为可以在意识层面理解文章内容。与其他有意识的激活方法一样，高速阅读也是属于意识层面操作的一种技巧。

我想读者一定会思考，使用影像阅读·全脑思维系统实现阅读目的时，到底哪个步骤对最终成果的影响最大。很多人会自然而然地认为，达成目的需要理解内容，所以帮助意识认知的技巧最为重要。激活的技巧会让你拥有意识层面理解了内容的实用感，相对而言，对启用大脑潜意识的影像阅读法却没有什么感觉，这也情有可原。

但其实，两者结合才形成了这个全脑系统。将表意识和潜意识两者有效组合、均衡使用，才能发挥最大的功效。希望大家充分享受在意识上显现的效果，同时也请细心了解潜意识的部分给我们生活带来的价值。

当你在生活中体验到"自然激活"的效果之后，你才能强烈感受到影像阅读法的惊人威力。很多影像阅读者们分享的"自然激活"经验，让那些初学者们受到很大的鼓舞。

他们的这些经验，有些共同特征：

"那时，我正在寻找一些信息，突然，相关信息就在脑海中浮现出来了！我也没有特别努力地去想，无缘无故，它就冒了出来，真是灵光乍现的感觉。"

因为一些很微妙的契机，引发了"自然激活"，一直储藏在脑海中的信息被赋予了意义，让你顿悟："啊，原来可以这样！"这是影像阅读法的步骤有实效的有力证明，很多人通过这样的体验，才开始确信这个步骤真的有用。

那么问题来了，到底要如何"有意"地进行"自然激活"呢？这其实是一种悖论。很遗憾，我们无法人为地制造自然的行为。既然这样，就不要坐等"自然激活"发生，让我们用别的方法去验证这个阅读系统的有效性。我在影像阅读法的初期研究过程中，收集了大量证实这个系统确实有效的决定性证据。有一些是关于"自然激活"的，而更多的是来自"有意激活"。

其中有一个是我自身的经验。就读硕士的第一年，我还没有研究出影像阅读·全脑思维系统的构想，然而在第二年后的18个月里，我几乎做什么事都用到影像阅读法。其结果简直太令人惊讶了，我每一门学科都取得了好成绩，还完成了大量的阅读课题与研究论文，学习带给我的压力也完全消失不见了。

从那时起我就知道，学生这个群体是验证影像阅读法有效的最佳证明者。因为他们有着得天独厚的环境条件，可以从主观和客观两个角度来检测使用影像阅读法的成效。

如果你不是学生，也可以通过别的方法来验证这些成果。

我衷心期待你能亲身感受影像阅读法的效果，并发自内心地认可它。以下是一些简单易行的测试方法。

• 在一个星期的时间内，用影像翻阅来阅读所有文章，激活那些必须用意识理解的文章。第二个星期，恢复以前的阅读方式，然后比较到底哪一周更有效、更充实。

• 向朋友询问最近他阅读完的一本书："这本书值得看吗？""花了多久看这本书？"如果那本书有阅读价值，就借来进行影像阅读，并用你朋友1/10的时间（如果觉得有难度就请用1/3的时间）去阅读这本书。几天后，不要向朋友透露你在测试自己，和朋友一起就那本书进行讨论交谈。最后，请朋友评价自己对那本书的内容理解程度如何。

• 找一个安静的时间，观察大脑对影像阅读法的反应。首先，请选择一些爱情小说、悬疑小说、惊悚小说等情感色彩十分浓厚的小说，穿着舒适的服装，在不会被打搅的房间进行阅读（感情色彩浓烈的小说容易刺激视觉反应）。把房间调节到舒适的温度，安静地坐在椅子上，灯光只对准书，尽量不要关注其他东西，做到眼里只看到书。

在这样的环境下，潜意识发出的微弱信号就不会被你忽视了。接着，花几分钟的时间去细心感受心中浮现的印象和情绪。

然后，进行影像翻阅，关注脑海中浮现出的画面、声音以及情绪。如果感受到了强烈的画面或情绪波动，请翻到前几页，重新阅读书中内容。比较一下自己内心的感受和书中的内容有多少一致的地方。比如，你心中浮现出一幅正在滑雪的画面，没准在书中也会有滑雪的场景描写呢。

结束影像翻阅，默默地自我肯定之后，请再一次将注意力集中于自己心中浮现出的场景、图画、声音和感觉上，关注你心中所有的变化。请花两分钟的时间，将你心中的情景写在纸上或口头描述，然后和书中实际描写的内容进行比较。如果有条件，把自己心中的图景描述给看过那本书的人听，然后让他告诉自己书里的故事。

• 开会前，准备好5本相关内容的书籍，进行预习与影像翻阅。在会议中，感受一下和平常会议相比在理解力和发言内容上的不同。

以上就是一些既简单又没有风险的测试方法，可以帮助你确认影像阅读·全脑思维系统的效果。请用游戏的心态来尝试一下吧，然后找出值得相信的证据。

然而，我们的学习并没有结束。前文介绍的步骤还有很多进一步强化和活用的方法。下一章中，将向大家介绍影像阅读法的高级应用，你会学到如何在阅读日常生活中的所有读物时运用影像阅读法。

来做一个"5天测试"吧

这里为你介绍的，是一个为期5天的练习课程。这既能证明影像阅读法的效果，又可以使你的激活技巧更上一层楼。每天只需不到30分钟的时间，你就可以训练自己从影像阅读法中获取精确的信息。不妨试试看吧！

第一天：选一本想要读的书，做准备并且进行影像翻阅。

第二天：在1分钟之内进行准备、预习工作，再进行影像翻阅。然后，用10~15分钟做复习步骤（查找触发词，提问）。

第三天：做准备并且进行影像翻阅。接着，在30分钟内完成"超读+摘读"，不用在意是否理解内容。结束后再重新看一遍触发词，确认一下自己理解了多少。

　　第四天：做准备并且进行影像翻阅。之后，花30分钟的时间用"超读＋摘读"和跳读阅读整本书。请调节自己的阅读速度，一定要在30分之内读完最终章节。再次查看触发词，追加新的问题。

　　第五天：做准备和进行影像翻阅。阅读目录，寻找并确认有没有想进一步读的章节。再次运用"超读＋摘读"及跳读进行阅读，针对问题寻找答案。如果没有问题，却还想知道更多，就进行高速阅读。用最后的10分钟制作思维导图。思维导图请尽量简单，不需要画得过于细致。这里并不是要求你把书中的内容都总结到思维导图上，只需要画上达成目标所需的信息就可以。

　　目前为止，即使把5天来进行影像阅读的全部时间加起来也不过两个小时，但大部分人都认为已经基本掌握了这本书的内容。更有一些人认为自己已经掌握了足够的信息，或对这本书了如指掌。影像阅读的目的并不在于百分之百地理解。以上这些是传统的读书方法无法做到的。

　　这之后，你也可以重复两次第四天的练习，但是在实际尝试之后，你会发现其实没有必要。在测试第五天之后，再来看自己画出的思维导图，可以确认自己对这本书是相当了解的，是不是非常有趣？

　　结果说明，你仅用传统阅读法1/3的时间就看完了一本书。

"自然激活"

在这一章中，我向大家介绍了很多切实可行的激活方法。接下来，我将继续为你们揭晓，影像阅读者们都经历过的"自然激活"的秘密。

你可以通过以下方法，感受体验"自然激活"。

每天影像翻阅1～5本书（如果可以的话，翻阅5～10本书），保持这样的节奏，持续阅读2～3个月。通过如此大量的阅读，不停地将信息输入脑中，你一定会体验到"自然激活"。请不要停下阅读的脚步，用影像翻阅一直读下去。正如"成功会带来成功"所说的那样，"自然激活"也会像连锁反应一般持续出现。

通过持续、反复进行影像翻阅，影像阅读·全脑思维系统将成为你能力的一部分。你可以练习每周对一两本书进行激活，这样"有意激活"也会越来越得心应手。

让我们来复习一下本章学到的内容吧！

- 激活分为两种，一种是"自然激活"，另一种是"有意激活"。在这一章中，主要讲解的是"有意激活"。
- 抱着明确的目的，设定强有力的问题，是激活的关键所在。
- 进行影像翻阅以及复习后，至少空出20分钟的时间休息，再进行激活。如果能间隔24个小时是最理想的。
- "超读＋摘读"，能让你快速地浏览吸引自己的章节，从中找到和问题答案相关的关键部分进行阅读。

· 了解作者的逻辑展开模式，更有效地找出适合"超读＋摘读"的部分。

· 跳读是想要更详细了解内容时使用的激活技巧。先是快速地阅读段落的第一行（即主题句），在之后的内容中，不规则地移动自己的视线，寻找能够补充说明主题的关键词或句子。使用了跳读，你可以更加深入地理解文中内容。

· 不论视觉效果还是空间利用，思维导图都是一种出色的笔记法，因为它将动用整个大脑，所以也很适合激活步骤使用。激活可以刺激大脑，帮助大脑刻画和再现已形成的相关联系，让影像翻阅储存的信息和表意识建立连接、促进理解、达成阅读目的。

影像阅读法：惊人的成功实例二

　　某位企业干部用影像阅读法阅读了数十本与经营学原理有关的书，业绩也随之上升。另一位干部在听了影像阅读法讲座的一年后，出乎意料地获得了加薪。这位干部认为，他通过影像阅读法获取到了很多业界知识，工作效率也越来越高，这就是他取得成功的一个关键因素。

　　伦敦的某位业务销售员，由于业绩一点儿都不理想，失去了自信心。因此，他选了数本能够提升自我评价的书，使用影像阅读法阅读之后，很快找回了自信，推销时的态度也变得沉着大方，营销业绩一下子突飞猛进。

　　某位美术印刷设计师用影像阅读法定期阅读几本设计领域的相关书籍，感到自己的创意设计能力获得大幅提升。

　　某位影像阅读者想要领会莎士比亚的妙趣，为了打好基础，他花了数周时间，用影像阅读法读了两三本莎士比亚的书籍。

　　之后，他去观赏莎士比亚的戏剧时，突然发现了莎士比亚为什么能让如此多的人着迷。他人生中第一次明白，原来莎士比亚的作品这么有魅力、这么令人享受，而且其实非常易懂。

　　某位高中足球防守教练，在比赛前用影像阅读法反复阅读了数本关于足球战略的书籍。在之后的比赛中，竟然能很轻易地理解对手的攻击作战策略，甚至能积极地调整己方球队的配置，达到理想防守状态。另外，他认为自己的思考速度和注意力都有了极大的提升。

　　某位创业者听不懂律师向自己提出的建议，就去书店找了数本和这些问题相关的书籍，进行影像翻阅。走出书店的瞬间，他感到自己脑海中闪过灵感，马上回到了书架旁。他凭着直觉拿起一本书，随手一翻，就发现那一页上的内容正好简单易懂地说明了律师的建议。

活用这些技巧，
熟练掌握它们吧！

第八章

将影像阅读·
全脑思维系统运用到生活中去

在第二部分的内容中，我已经向大家详细说明了影像阅读·全脑思维系统的应用顺序，剩下的就是实践部分了。但是在这部分，依旧有很多人抱有这些疑问：

"影像阅读法到底有什么用？"

"实际使用影像阅读法的时候，到底应该怎么办呢？"

其实，这些问题在之前的章节中都已有涉及，而在第三部分的内容中，我们将会更具体地讲解影像阅读法的应用。

首先，我们将利用本书来尝试影像阅读·全脑思维系统的各个步骤。请按照以下顺序，来实际运用一下吧！

- 重新设定阅读本书的明确目标，然后进入集中学习模式。

- 翻开目录，用一分钟的时间"预习"本书。

- 按照第5章所写的顺序进行影像翻阅。以每秒一页的速度翻页，用大约三分钟完成整个影像翻阅。做完结束后的自我肯定，可以休息数分钟。

- 体会本书的结构，写下触发词，提出明确问题。

- 在理想情况下，你应该离开现在阅读的场所，休息一段时间，然后再回头查看之前提出的问题。

- 使用"超读+摘读"以及跳读进行激活。请集中注意力去激活这本书剩余的章节，时间不要超过20～30分钟。

- 确认、整理最初的激活阶段所收集的所有信息，并将其画成一张思维导图。

- 在日常生活中，也决定用这种优秀的读书方法去阅读。使用一分钟的时间，让心平静下来，下决心改变，这是彻底改变你的读书方法的第一步。

- 最后，用高速阅读来阅读本书的最后一章。灵活地运用学到的技能，确认自己的阅读速度到底有多快。

立即可用的5个时间管理法

如果现在让我说出影像阅读法最重要的效果，我的答案无疑是"缩短阅读时间"。无论对谁来说，时间都是最宝贵的。完美地将应该阅读的内容和时间相结合，才有更多的发挥余地。请你实践以下方法，亲身体验它的效果，然后节省出更多有意义的时间吧！

1. 决定文章处理的优先顺序

将自己需要处理的文章按优先顺序分为三类：必须加急处理的文

章归为"A"类。不需要加急处理，但也十分重要的文章归为"B"类。然后，将不一定有必要去读的文章归为"C"类。请从A类开始进行影像阅读。

2. 只处理一次

第一次阅读时，就要判断怎样回答，然后把自己的判断和笔记快速记录下来。

3. 将经常需要阅读的书刊读物随身携带

有效地利用自己的闲暇时间。利用待办事项之间的5～10分钟，运用影像阅读·全脑思维系统，坚持一个月后，你会为自己取得的成效感到十分惊讶。

4. 重要的文章一定要全部预习

太过忙碌，实在没时间阅读时，在归档之前请务必预习30秒。

5. 利用所有可利用的机会，活用影像阅读·全脑思维系统

对所有文章都进行影像翻阅。一旦收到报纸、订购期刊或是业界杂志，就立即使用影像翻阅。即使只是短短的一瞬间，也要立刻进入快速学习模式，利用摄像焦点进行翻页。即使接下来没有时间激活，也一定会在将来发挥作用。

用影像阅读法阅读不同种类的文章

影像阅读法其实适用于所有类型的文章——无论是信件、电子邮件、网站、报纸、业界杂志、期刊、小说、教科书还是技术手册，平

日里你所接触到的所有文章都可以使用影像阅读法。如果熟练掌握并轻松地使用这种技巧，你每天花在那些不得不读的书籍上的时间将以令人惊异的速度不断减少。

这里列出的技巧只是其中一个小小的例子。关于影像阅读·全脑思维系统的5个步骤，并不是你每次去运用的时候，都必须按照从1到5的顺序严格完成。每个步骤其实都是非常优秀的阅读技巧，你可以自由组合使用。

接下来，再介绍一些很多人都认为十分方便的小窍门。请尽情尝试，并且找出最适合你的方法吧。

纸质书刊

1. 报纸

阅读报纸，可以让你切身了解当今社会所发生的无数事情，这会大大地提高你的竞争力。但是，如果想要全面了解这些新闻，你花费的时间是不是太久了？而使用影像阅读法，只需要短短几分钟的时间，就能完全并准确地掌握一整天所累积的信息。

主流报社或杂志社的记者们都经过专业训练，他们通常会将自己想要传达的信息，十分简练地写在这篇新闻的最开头。也就是说，这段报道要传达的90%的信息都已经写在了大标题、小标题以及第一段内容中。一旦你清楚这一事实，读报纸的时间就会大大缩短。

首先，要对整张报纸进行影像翻阅。请你站起来，将报纸横铺在桌面上，然后将注意力集中在中央区域，并将完全展开的报纸全部纳入自己的视野。做完这些准备活动后，根据自己的目的和需求，找出哪个新闻的大标题比较吸引你，并最终选择3～5个看起来对自己有帮助的报道，每个都用30秒进行预习。

如果有必要的话，也请运用"超读＋摘读"去抓住其中的主旨大意。几乎所有的新闻都是从昨天到今天，明天接着报道后续进展。因此，如果你运用影像阅读·全脑思维系统找到关联信息，并抓住整个主旨大意，就能非常顺畅地完成阅读。早上只需要做这些事情就足够了。

到了晚上，再一次翻开报纸，寻找想要阅读的报道。想必你会发现，找了一圈，竟然没有遗漏什么报道！这样的情况会让你充满自信，只需要在早上花费短短几分钟时间运用影像阅读法，你就完全掌握了社会人士所需要的全部信息了！

2. 周刊等杂志

读得开心最重要！不要在意阅读顺序，哪怕从后向前读也没有任何问题。你可以从自己最想看的地方开始，然后进行影像翻阅和复习。要注意的是，即使是长篇的报道，也请把复习时间控制在3分钟以内，而激活所需要的时间，如果运用"超读＋摘读"和跳读的话，即使是长达10页的报道，也只需要5分钟就可以完成。当然，如果报道很短，时间则会更短。读完这些内容后，是否继续阅读也是你的自由，但请务必记住："不读也是一种勇气。"

3. 专业杂志、业界杂志等

这些杂志虽然内容并不如专业书籍和教科书那样难以阅读，但也比普通杂志的内容要复杂很多，因此我们必须选择介于这两者之间的阅读方法。

我的建议是，请你先预习一下目录。然后对整体进行影像翻阅，再花2～3分钟复习，选择你想读的，或与阅读目的相符的报道。接下来，按照重要程度来决定阅读的优先顺序，从最重要的部分开始进行激活。

如果报道的开头就有这篇报道的概要，就请用高速阅读法浏览这部分，对正文做一个简单的预习。然后，再用"超读＋摘读"以及跳读进行简单的激活，汲取必要的信息。如果在此期间，发现了非常重要、值得参考的信息，就请将它们画成思维导图吧！

4. 小说

有很多人认为，相比电影，自己更喜欢小说。在我看来，如果能活用全脑，那么小说确实远比电影有趣。

首先像平常一样，用橘子集中法进入集中学习模式，然后大致了解主要登场人物的姓名、作为舞台背景的场所和时代背景，对故事整体做一个简单的预习，再进行影像阅读。当然，你绝对不需要担心会因为影像阅读就提前知道故事的结局，而破坏了阅读的乐趣。

结束影像翻阅之后，再进行高速阅读。你可以从第一页开始阅读，自由地调节阅读速度。"超读＋摘读"并不适合读小说。

5. 专业书籍、教科书、技术文章（说明手册）等

理想的步骤是：预习——影像翻阅——决定你想要激活的章节

以及想要阅读的部分。请注意，根据你想要达到的理解程度，选择相应的技巧来激活。

而我个人的做法则是，如果每一个章节之后有固定的总结设问，我会先读那里，然后提出自己的问题。只有拥有明确的目标以及具体的提问，才能通过"超读+摘读"和跳读获取足够的具体信息。

在阅读这类文章时，即使省略高速阅读环节也不会有任何影响。如果没有你希望更深入了解的部分，那么以上环节就足够了。但如果你是正在复习考试的学生，或是一位进行专业学习的社会人士，请参照之后的章节："如何使用影像阅读·全脑思维系统来学习"。里面有详细的方法介绍。

电子文件

某位公司领导，每天都在哀叹自己需要处理的信息简直像洪水一样："每天都是这样！打开办公室的门，就发现有100封以上的电子邮件需要我来处理！"

如果你也是一位商务人士，想必应该对此深有体会吧！

而与其相比，另一位学习过影像阅读·全脑思维系统的领导，用10秒的时间就能看完一封电子邮件，甚至能完全消化、领会其中的内容。因此，他每天都能做好充分准备，参加每一场会议。他还半开玩笑地说："接下来，要是能开一个影像打字法的讲座就好了！"

调查结果显示，人在阅读电脑屏幕上的文件时，要比阅读印刷物的速度至少慢25%。过去，就有很多人因为收发邮件、下载文件太慢，变得十分焦躁。现在，怎么让大脑快速读取电脑上的信息，恐怕已成为最大的课题了。

但是，对于影像阅读者来说，电脑文件并不会让他们降低阅读速度。

哪怕是图文整体像素很低、具体文字难以辨认，或是电子邮件与网页上经常出现的问题——比如语法表达粗糙，文章结构混乱等，都不会对影像阅读者们造成很大影响。

这是因为，如果运用影像阅读·全脑思维系统，我们就能以整体为单位去理解句子的含义，然后找出符合自己阅读目的的信息。这个系统并不是那种一字一句都计较、白白浪费时间和劳动力的旧式阅读法。

而如果是简短的电子文件、网页和电子邮件，在预习之后直接运用高速阅读法就足够了。如果是较长的电子文件，那么你最好使用影像阅读·全脑思维系统的所有步骤。相比需要你手动翻页的纸质书籍，电脑会自带滚动条、自动翻页等功能，因此你可以比纸质印刷物更迅速流畅地使用影像阅读法。有的影像阅读者每分钟甚至能看10万~100万字，这也不足为奇。

目前，不计其数的书籍已经能够在网上阅读。有的电子书需要先下载，再用专门的软件阅读，也有许多书可以直接在线进行影像阅读。

在英国电视台的某个学习频道的节目中，主持人保罗·麦克纳（Paul McKenna）和几位嘉宾一起在网络上运用影像阅读法，阅读相同书籍。而他的阅读速度竟然达到了每分钟500页，甚至还在接下来的阅读理解测试环节里，取得了高达70%的正确率。

在阅读电子文档的时候，也需要像平常的书一样，运用影像阅读·全脑思维系统的5个步骤。但由于在电脑上可以更高速地阅读，我们需要进行一些小小的调整。以下就是我认为需要修改的地方。

1. 摄像焦点

电子文档不能像普通的书那样平铺，两页两页地进行阅读，因此你可能会找不到视线的落脚点。这个时候，就请你活用能够拓宽周围视野、看到整体画面的软眼吧！如果你还没有适应这个方法，那么请按照第5章介绍的那样，把视线集中到中央处，拓宽你的视野，使整个页面的四个方位都能映入自己的眼帘。这样用"软眼"去看一页页呈现在计算机屏幕上的画面，这是最适合电子文件的阅读方法。

阅读电子文档的时候，你不可能像阅读真正的书籍一样进行翻页。但同时，电子书的翻页也非常迅速，十分轻松。

如果你在看电子书时，用平稳的速度一点点滚动画面，人的大脑有时候会进入混乱状态。所以，请尽量使用键盘的"向上翻页"（Page Up）和"向下翻页"（Page Down）键，进行整页整页的翻页。几乎所有常用的浏览器或是电子书阅读软件都支持"向上翻页"和"向下翻页"操作。如果这个功能不可用或文章太长，那么就请将想读的电子文件复制到专门观看电子书的软件上，再进行影像翻阅吧！这样就能知道页数，影像翻阅起来会比较顺畅。而在除了影像阅读的其余步骤之中，使用电子书的滑动翻页功能也完全没有问题。

看到这里，你觉得怎么样？你能想象出自己在多种情况下应用影像阅读法的情景吗？请你自由地想象，自己在早上运用影像阅读法来阅读报纸、阅览杂志、收发电子邮件以及浏览网页时潇洒的身影吧！你还可以自由地选择自己喜欢的时间和场合，每天坚持训练影像阅读法。

别拖到明天，就今天，请在这个瞬间，立即开始你的影像阅读之旅吧！还有，影像阅读·全脑思维系统的应用不只局限于日常生活，它还存在着无限的可能性。在下一章，让我们进一步探索影像阅读的惊人世界吧。

第九章

用影像阅读·
全脑思维系统来学习

影像阅读·全脑思维系统非常注重"你到底是出于什么目的阅读"这个问题。抱有明确的目的、强烈的期待心理，想要学习某项技能，这才是真正的学习。影像阅读·全脑思维系统不仅是十分优秀的阅读技巧，也是最棒的学习方法。

之后，我将向你介绍几种将影像阅读·全脑思维系统和学习完美地结合在一起的方法。具体包括：孩子或者学生的日常学习方法、考试的复习方法以及应试方法、成人的终身学习方法。

如果你是个学生，请现在就掌握我要说明的方法，开创自己的美好未来吧！

而如果你是个成人，一定会感觉到："如果我能早些学会影像阅读·全脑思维系统该有多好啊！"但其实，现在也完全来得及！学无止境，只要你还抱有积极的学习态度，这套阅读思维系统一定会使你的人生更加丰富多彩！

另外，对于那些想要考取资格证书的人而言，影像阅读·全脑思维系统将是你最佳的应试策略。通常来说，一边进行着社会生活，一边还要保证学习时间是非常困难的事情。你不但要工作，还要进行必要的社交活动，甚至有时候家务事都会成为你学习的障碍。但是，当你掌握了影像阅读·全脑思维系统后，你会发现自己已经毫无困难地跨越了这些障碍！

应用到学校的课堂和各种讲座中

接下来，我将为你讲解在学校上课时该如何应用影像阅读法。即使你是成年人，在想要考取资格证书或者获取一些特定技能的时候，应该也会去参加讲座或者听课吧，该方法在这种情况下也十分有效。

影像阅读·全脑思维系统甚至对于学校的必读书目都是最适合的阅读工具：在开始上课的第一天，就可以依次对这个学期必须读的所有书目进行预习、影像翻阅了。

当天晚上，你的大脑会在梦中根据你的阅读目的和需求对摄入的内容进行整理。

如果是要用一整年的教科书的话，在学期开始前，你就可以明确自己的学习目的了。对于所有学科的教科书，都要翻开目录预习，然后再进行影像翻阅。如果你觉得内容有些难度，那么请连续几天反复进行这个步骤，并每天调整自己的目的，比如，"今天我要理解整体印象！""今天我要再加深对这个领域的理解！"

如果要阅读教科书的某部分具体课题，请先预习整个章节，然后进行影像翻阅，甚至还要把相邻的一两个章节也一并读过。比如，如果老师要求完整阅读第3章和第4章，那么在完成预习后，还要对第2章和第5章都进行影像翻阅。

如果每一章都带有该章的要点和问题，那么你可以大致浏览一下，然后通过"超读＋摘读"，寻找每个问题的答案。

在此后的正式上课时间里，你即使什么也不做，脑海中都会出现"自然激活"。你可以用思维导图的方式来记录上课笔记。在复习课程整体内容时，请将每堂课画出的图汇总成一张思维导图。

碰到阅读课题时，请判断一下，除了规定课题之外，你还有什么其他需要的信息。如果你有具体想要知道的内容，那么请用"超读＋摘读"来寻找。如果你并不知道自己想要了解什么信息，请用跳读或者高速阅读，快速查找一下自己感兴趣的章节吧！需要背诵的重要部分请画成思维导图，如果有特定的事实、公式、定理以及历史年代，请马上总结并记下来。

写报告时，请运用下一章将介绍的同主题阅读法。简单地说，就是先准备10册以上跟自己课题相关的文献，进行预习，然后再运用影像翻阅进行阅读。接下来，为了获得报告的核心概念，要将最重要的那本文献单独挑出来，进行"超读＋摘读"。最后用思维导图做笔记，根据思维导图来写报告。

如果是备考阶段的学习，那么请你先复习之前画的思维导图，进入快速学习模式——使用影像翻阅、高速阅读的顺序对考试范围进行学习。

就这样，在你坚持使用影像阅读·全脑思维系统这一学习工具一段时间后，你会惊奇地发现，学习竟然已经变得这么轻松有趣了！

有一位影像阅读者在大学修读人文科学，一个学期就必须读9本专业书籍。有一本书非常厚，单独一册就超过600页，但是，自从她用了影像阅读·全脑思维系统来对这本书进行阅读，并总结成报告之后，她发现总共花费的时间根本没有超过30分钟！不仅如此，她的报告评分最后得到了A，她这门学科的本学期成绩也是A。使用了这个系统之后，学习9本书的时间加起来也不过是两个小时罢了。

"真是难以置信！"想必读者们还是有这样的疑惑吧。事实胜于雄辩，你完全可以通过亲身经历去证实。反正体验并不需要很长的时间，而且毫无风险。

将20～30分钟的时间作为一个时间单位来学习，把你的心理准备时间、休息时间也计入这个学习单位里去。所以，请不要太紧张，轻松地开始就好。每个单位的时间有限制，所以你在整个学习过程中，记忆力和集中力都应该有明显提升。

1. 将你在这个时间单位中要用到的书全部摆在眼前。

2. 花费3～5分钟明确自己的阅读目的，然后进入集中学习
　　模式。

这里说的阅读目的，其实就是今天学习的最终目标，如果进入了集中学习模式，那么就请开始进行自我肯定。自我肯定的重点在

于，你必须要用现在时。比如：

"从现在开始，我要彻底吸收物理课本的第5章和第6章内容，也能回答每一章之后提出的问题，明天的课程我也准备完毕了！"

"从现在开始，我要学习20分钟，在这段时间内，我会毫不费力地处于注意力完全集中的状态。"

"学习时，我感觉心情舒畅放松，并且充满自信。"

"之后，回想起这段学习内容，我依旧非常轻松愉快，甚至感觉到自己获取的信息自由地在脑海中流动，并且可以轻易地提取出自己所需要的信息。"

3. 进入身心放松的精神集中状态，开始自己的学习之旅

简单地预习了教材后，剩下的20分钟请结合你的阅读目的，进行影像翻阅、激活和高速阅读。这三者你可以自由组合。不要有任何杂念，集中注意力去学习。

4. 休息5分钟

休息5分钟十分重要，无论在身体上还是精神上，都必须让自己从学习中抽离，离开座位，然后眺望一下窗外的景色吧！就算你觉得自己的状态非常好，甚至还可以一鼓作气再集中学习好几个小时，也请不要继续，务必要进行休息。不要忘记，你在事前的自我肯定之中说过："学习20分钟。"遵守和自己的约定不但可以巩固和自身的信任关系，还可以促使大脑吸收看过的内容，对其进行整理，加深记忆。

5. 返回步骤2，重复两次

在休息5分钟后，从步骤2重新开始。

如果在学习中能听一些让人心情舒缓的音乐，应该会让你更加容易放松下来。最近的研究表明，古典音乐和新世纪音乐将在你的学习过程中对大脑产生良好影响。

使用全脑模式应对考试

使用影像阅读·全脑思维系统进行学习后，在参加考试时，请使用以下方法：

- 在考试前进入集中学习模式。

- 快速用影像翻阅浏览一遍全部问题，然后再阅读第一个问题。

- 从简单的问题开始回答，在答题时，请专注于眼前的问题——不要再惦记前面的问题，也不要担心后面的问题。

- 如果看完题目不知怎样回答，那么请先跳过这道，回答下一个问题。你在看到题目时，就已经向大脑发送了请求答案的信号。请你花一些时间等待大脑的回复。先解决答得上的问题，再回来解答跳过的问题。回过头重看一次题目，会比第一次更强烈地向大脑输送信号，更容易让意识引导出正确答案。

- 请你敏锐地接收从大脑深处传递的信号，并判断到底可否解答。请不要在分析问题上花费过多时间，相信你的大脑向你传来的直觉信号。比如，你可以想象脑海中有盏信号灯：绿色是"直接解答"，黄色是"如果花点儿时间，大概解得开"，这种问题要等到所有简单的问题搞定之后，再返回来处理，红色则是"放弃这道题"。选择问题也是十分重要的。

• 放下"必须取得好成绩"这种想法。不管是多么重要的考试，纵观整个漫长的人生，其重要性会随着时间推移而递减。但如果你过于强求，这只会让自己产生压力积累的挫败感。请先把结果抛在脑后，专注于解决眼前的问题吧。

• 在考试时，请不要忘记时时停笔、深呼吸和放松。

在接下来的章节之中，我会向大家介绍怎样利用影像阅读法一次阅读多本书。如果你需要就一个明确主题写报告，加深对自己专业领域的了解，或是需要迅速获取一个崭新的领域或行业的大量信息，这个方法非常有效。下面，就让我们再进一步踏入影像阅读法的神奇世界吧！

第十章

终身学习的极致阅读法——
同主题阅读法

在我读研究生的时候，人才管理课的老师要求我写一篇报告："选择你的主题，然后围绕这个主题读尽量多的相关书籍，写一份10~20页的报告交给我。"

我根据自己选择的主题找到了12本相关书籍，并且对这12本书都运用了影像阅读·全脑思维系统进行阅读，在写报告之前画了思维导图——整个过程我只花了一个下午的时间。最后，我根据这个思维导图，完成并提交了自己的报告。

老师发回的报告中，只有两个评语：

"100分"和"太棒了"。

在读本科和研究生的历程中，这是我第一次这么轻松就取得了好成绩。这也是我第一次感受到同主题阅读法的威力。

我从这次的经历中得到启示，和同事帕特里夏·丹尼尔森（Patricia Danielson）——在影像阅读法的初期阶段便向我提供帮助，也可以说是我的共同开发者——一起研发了一套方法，起名为

"同主题阅读法"。她率先在欧洲推广这个方法，很快就广受好评。

同主题阅读法是指阅读多本相同主题的书籍。同主题阅读法可以使影像阅读法更加有意义，是影像阅读法的进阶版。想要同时读完多本相同主题的书，就必须在完全掌握影像阅读法的基础上，进一步提高阅读水平。

想象一下，你只用下午的半天时间，就能读完3～5本相同主题的书。对于同一主题，你抱有不同角度的看法，但不论对哪个作者，都用中立的态度去提出自己的见解。同主题阅读法对于高难度的主题，或是自己想要提出崭新意见的情况都具有奇效。

在这一章中，我会向大家介绍同主题阅读法的基本步骤。

同主题阅读法的威力

请设想一个你感兴趣的领域，在这个领域中有一本你非常想读的书，而与其用传统阅读法努力读完这本书，不如再去读3本和这本书主题相同，但意见角度不同的书。当你同时对这些书都进行影像阅读和激活后，你对最开始想要读的那一本书也一定会有更深入的理解。

接下来，我要告诉你一个好消息。

如果你能掌握并使用我向你介绍的同主题阅读法，在原本用传统阅读法读完一本书所需的时间内，你可以读完4本书。

　　请把阅读当作一条需要终身探索的学习之路。在这条学习的道路上，你应该会反复遇到很多相同主题的书。当你积累了足够的阅读量后，一定会发现"有一个观点，就会有一个与之相反的观点"。

　　你变得更加熟练之后，还会发现，从相反的观点中也能推导出自己的独特见解。同主题阅读法就是这么一种能够帮助你独立思考，并形成独到见解的有效方法。使用了这种技巧，你可以从相同主题的不同方面进行理解、整合，并选择、构建你自己的真实见解，最终得出更高层次的结论。

　　你自己认为正确的真实见解，是通过反映你自身的理论、综合知识和经验才能得出的。仅仅囫囵吞枣地读完一本书，根本不可能得出任何见解。想要深入理解某个领域，本来就需要阅读这一领域内的不同书籍。同主题阅读法会为你提供有效且高效的帮助。

　　围绕相同主题阅读许多本书，到底会有什么效果呢？让我们来讲述一位影像阅读学习者的一段经历吧！

　　她在高中毕业25年之后，为了取得大学学位重返校园，考入了本地的社区大学。历史课的期末考试采用论文形式，因此她用影像阅读法总共看了7本专业书籍。

　　她的双眼闪烁着兴奋的光芒向我叙述了她在考试中的情形："考试中不断地有语句涌入脑海。我竟然是那么放松，那么自信！这样轻松的论文期末测试还是第一次呢！"最后，她自豪地补充道："我的考试成绩还得了A！"她成功地靠自身的体验，把影像阅读法转化为了同主题阅读法。

同主题阅读法的概念其实在50年前就已经被提及。在莫蒂默·阿德勒（Mortimer Adler）和查尔斯·范多伦（Charles Van Doren）两位学者共同的著作《如何阅读一本书》（*How to Read a Book*）中，这一概念首次被提及。阿德勒认为，针对同一主题阅读不同书籍是非常重要的，这种思维技巧才是阅读者们的终极目标。我们在他的思想基础上，融入了影像阅读·全脑思维系统的种种技巧，创造出了更为高效的信息整合方法。

在我的班上有一位攻读教育学博士的学生，对于他来说，写报告一直是一项非常花费时间的工作。事先要读很多书，整理海量信息，构筑自己独特的观点，最终还得整理总结在纸面上。但是，在学习了同主题阅读法之后，他很快就将这种技巧运用到论文写作中去。数月后，他联系了我，对我这样说道："这个技巧实在是太棒了！"他在电话那头兴奋地叫道，"多亏了影像阅读法，我感到轻松了许多！以前我写一篇论文得花上两三天时间，然而，现在我只需要一个下午就可以全部写完！"

他是如何做到的呢？

这个秘密就隐藏在同主题阅读法的10个步骤中。

同主题阅读法的10个步骤

1. 设定目的

同主题阅读法的第一步是设定目的。

目的绝对不能含糊不清，而必须是个人的目的，也就是说，这个目的要对自己十分有价值，非常具体且明确。

比如，如果你想学习管理金钱的方法，请对比以下两种目标：

A：学习资产运用。

B：为了做到经济独立，学习如何节约金钱和进行明智的投资。

A目的听起来就十分模糊，只是普通的泛泛而谈，但是，B目的却包括了个人目的，听起来就十分有效。

目的越是个人化，对自己来说就越有用，从而帮助你将学到的知识更长久地储存在记忆之中。

2. 列一个书目清单

接下来，就是要做一个书目清单，也就是列出你想要阅读的所有书籍的清单。

预习这些清单上的所有书籍，确认它们是否符合你的阅读目的。针对那些你特别想要深入了解的主题，收集多本观点不同、不同作者写作的书籍。

3. 在激活的前一天，用影像翻阅看完所有的书

为了整理、消化新吸收的知识，大脑需要一个休息期。因此，影像翻阅最好选在激活的前一天进行。通过影像翻阅，你可以发现自己处理意见的能力将变得更加迅速有效。这是因为你在睡觉的时候，大脑也会自发地将你通过影像翻阅获取的内容进行整理分类，帮你找出不同的应对方法。

4. 画出同主题思维导图

请你准备一张纸和彩笔。对于同主题阅读，将内容汇总为一张能看到整体的导图（参考思维导图）的方法很有效。我们把这张图叫作"同主题导图"。

请你看下一页的示意图，将帮助你了解同主题导图的结构原理。

首先，请将你的阅读目的画在最显眼的地方，也就是这张纸的正中央。要在其周围留有足够的空白，以便接下来对目的进行修改。

将目的写在纸的正中央，时刻提醒你这张同主题导图是为了达成你的目的，而不是为了归纳总结这几本书。你的目的是最为重要的一个指标，如果有些内容和你的阅读目的并无关系，那么不论它们多么精彩，对你来说都不重要。

5. 找出相关内容

对每一本书都进行"超读＋摘读"，找出那些与阅读目的相关联的部分。

请你务必记住，必须优先考虑你的目的，而不是作者的意图。时常意识到自己的目的，你可能从一些不引人注目的平凡语句中找到对自己有价值的信息。而每当你找到一个与阅读目的相关联的内容，都请画在自己的同主题导图上。

在这个阶段，不要读得太细致。大致浏览一下整本书，简单地用摘读找出和阅读目的相关的部分。原本你以为很复杂的问题逐渐被理清，你的阅读目的也会变得越来越明确。

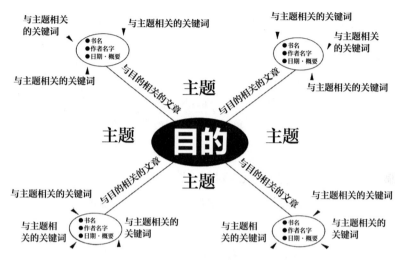

图4　同主题阅读的思维导图示例

　　请把这样的过程当作自己和书的作者在进行一场讨论。想象你和作者们同时坐在圆桌旁，然后向他们提出问题，还可以针对"如何达成自己的阅读目的"这一问题向他们征求意见和建议。不要让他们单方面地进行说明，因为这场讨论的目的并不是为了理解他们的意见和主张，而是要加深对自己目的的理解。

　　6. 用自己的语言总结归纳

　　再一次查看同主题阅读法，你会发现其中有很多重要概念。在这个阶段，请你先根据主题，简单地归纳一下自己的意见吧！

　　这时，请你尽量用普通的非专业术语客观地表达自己的意见。因为有时候即使表达的概念相同，不同作者也会使用不同的词汇。如果能用自己的话语去表达观点，那么你将会更清楚各个作者观点中的相同点和不同点，这将有利于你形成自己的意见和观点。

7. 发现相同点和不同点

一边看同主题导图与书本，一边努力寻找不同作者见解之中的相同点和不同点。在这个阶段，你大概已经发现不同的作者表达了相同的见解，这就是核心主题之所在了，请把它记录下来。

8. 总结论点

当几位作者持有不同见解时，这些不同之处就形成了问题的论点。通过了解不同意见，你可以掌握这个问题的多个方面。

在此，就这个论点，对不同作者的意见进行"超读 + 摘读"。

这就好比你是记者，正对作者进行采访。在一本书中找到答案之后，请马上去阅读下一本。

9. 形成自己的意见

找出论点，归纳整理不同意见之后，你会准备逐步形成自己的见解。首先，要从多个角度出发，用中立的立场去看待每一种意见。避免有先入为主的观念，要客观地进行分析。

10. 确立自己的观点并写成报告

关于某个主题，一旦自己的立场已经明确，请根据书中得到的具体信息来验证自己的观点。为了突出、明确这个主题，你需要先整理关键论点。而当你要佐证自己的意见时，尽可能详细、具体地描述。对于相反意见，你要加以考虑。首先，你对相反意见表示理解，再明确论据，说明为什么自己不听取相反意见。

展开论述你自己的观点时，一定要在自己的逻辑结构上下功夫。将各论点进行有效的配置，并涉及肯定意见和反对意见，让自己的观点有说服力。在撰写论文时，介绍他人的观点时一定要正确地引用。为了提高理论的可信度，必须标明信息来源。引用的书名，出自哪一页上，也要明确标注出来。

另外，在写论文或者报告之前，请务必再画一张自己见解的思维导图。这样在写作时，你的要点将会更简洁清晰，所需时间也将大大缩短。

通常情况下，完成前9个步骤就已经能满足你的阅读需求，并且你对主题的理解也将达到足够的水平。但是，如果是写大学水平的论文或详细的商务报告，最后的第十步就很重要了。

那么，进行同主题阅读法需要花多长时间比较合适呢？

我们建议你应该进行两次45分钟的激活。这样就够了！在激活前所进行的简单预习、影像翻阅以及复习这三者加起来，每本书也只不过需要10～15分钟。大部分影像阅读者都发现，只要完成了这项工作，获得的成果就能达到自身80%～90%的需求了。

当你使用同主题阅读法阅读3～5本书之后，可能会发现有一些书你想要更深入阅读，或者是你感觉一些书能够加深你对这个课题的了解。所以，如果你有兴趣，可以继续使用激活的技巧，进一步细致阅读。鉴于你已经大致理解了这些书的主旨，所以只需使用高速阅读法快速浏览。根据不同的阅读难度，快的话只需要20分钟，慢的话也只需要4个小时就能完成。

同主题阅读法包含了数百位作者的心血

在这本书末尾的参考文献中列举了上百位作者，他们都是我用同主题阅读法参照过的书籍的作者。同样，影像阅读法讲座也是建立在无数的前辈们的研究和著作之上。而本书所提到的许多作者，他们在写作的时候也各自参考了许多著作和论文。很多时候参考书目多达50~100本。

由此看出，同主题阅读法是汇聚了数百个优秀的头脑，获取其背后数以万计的时间与海量经验的过程。成千上万的人给你提供智慧，帮助你达成自己的阅读目的。当你充分理解这股力量的强大，你也能领会到同主题阅读法的精髓了。那样，也许你会因为所选书籍的独特的组合方式，而产生前所未有的崭新的意见。

帕特里夏·丹尼尔森曾经给我们介绍过一个令人惊奇的事例。

她的一位学生是布鲁塞尔的医生，每个季度都要去参加一个同种疗法的学会并发表论文。在盛会上，来自欧洲各国的医生齐聚一堂，互相交换意见。因此他会认真做好准备，他找了很多相关领域的书籍进行同主题阅读，并制作了同主题导图。可是，这些导图当时在他看来内容毫无意义可言，于是他就先把它们归档，准备之后再修改。

而两个月之后，当他再次拿出了那些同主题导图并把它们放在地板上时，他惊讶地发现以前看起来毫无价值的思维导图，现在已经能在脑海中清晰地浮现出它们的意义了。并且在一瞬间，他的脑海中还闪过一个具有划时代意义的见解！

他赶紧把这个想法写成论文，并在学会上进行了发表。

他的想法引起了空前反响，参加这次学会的医生们无不被他的洞察力所折服。有个医生说自己花了20年的时间，都没有想到他提出的关联性问题。大家都问他："你是怎么产生这个想法的？"于是，他为医生们说明了影像阅读法的步骤和同主题阅读。之后，在布鲁塞尔举办的一次影像阅读法讲座，7名曾经在场的医生参加了此次讲座。

具体想象这10个步骤

接下来，让我们再次设想一下自己实际应用同主题阅读法各个步骤的情景，并进行整理吧。

首先，请你设定一个想要探索的主题，并思考为什么你要选择这个主题。

明确自己的阅读目的之后，就去图书馆找10本与这个主题相关的书籍。大致翻看后，再次筛选，最终选择和你的阅读目的相符的3~5本书带回家。

在当天晚上，对带回家的所有书都进行预习和影像翻阅。

想必你第二天一睁开眼，就已经迫不及待想要继续阅读下去了吧！请你马上准备一大张纸，在中心位置写上自己的目的，并开始制作同主题导图。

运用"超读＋摘读"寻找相关内容，添加到自己的同主题导图中。当你找到了什么共通之处，就请用自己的话将这些共通点列表归纳在思维导图旁边的空白处。时刻确认自己的主题并继续寻找。如果不同作者有不同的意见，也请再花一些时间，较为详细地记录下来。

在这里，请你依旧不要忘记，你所做的这一切工作并不是要理解这本书，而是为了达成你的阅读目的。请时刻牢记自己的阅读目的。

在海量信息的背后，我们能感受到大脑强大的处理能力。就仿佛所有的作者都出现在你的面前，为了让你达成自己的阅读目的贡献他们的智慧。你是这次会议的议长，听取各方的意见，总结出结论。

你能想象出这些场景吗？如果能做到，那就证明你已经完全理解了各个步骤。接下来就是实践了！让我们把如此宝贵的知识去运用到更有价值的事情中去吧！

请一定把同主题阅读法应用到你的人生旅程中去。它一定会给你的人生带来美妙的结果。

以上，向大家介绍了很多使用影像阅读·全脑思维系统的学习方法。即使你在工作上得心应手，当进入一个新的专业领域，或者担任新的职位时，也需要不断地学习。那么，请一定活用本书中介绍的方法。

接下来，将为大家介绍这些技巧在商务中的运用，我将设定一些具体的场景进行说明。

第十一章

最强大的商务工具——
利用团队激活共享信息

在你的办公室桌上是否有着堆积如山的资料和文件？

我见过太多在这些小山面前抱头烦恼的商务人士了。说明书、企划书、打印材料、设备使用说明书、软件说明书……当我告诉他们影像阅读法可以解决这些烦恼时，他们的眼中一刹那闪现出期待的光芒。

我在明尼阿波利斯市的美国运通公司第一次举办影像阅读法研修班时，信息系统和数据处理团队成员参加了学习。有一天课程结束后，学员们跑来对我说："影像阅读法的确很有意思，不过我们该如何用它去处理这堆东西呢？"

正说着，其中的一个人就"哐当"一声把一大捆文件放到我面前。我稍微顿了一下，回答他们说："那么，我们下节课来探讨一下如何处理它们吧。"

那天下午我回到办公室，把桌面腾出来并将他们给我的文件放到书桌上，拿起最上面蓝色封面的文件准备翻看。那是一份电脑打印稿，封面上写着"CATS：计划外支出以及系统外规格书"。那一瞬间，我感到大脑中的保险丝一下子断了，进入短路状态。

想到下一节课，我的心脏就开始怦怦直跳。我甚至想象到了他们嘲笑我的场景："你看吧，这些技巧对我们的工作根本不起作用！"而我却无法反驳，只能颜面尽失地傻站着。想到这里，我手心里渗出了冷汗。很明显，我已经陷入了"文件恐慌"状态。

我茫然地翻开封面，想要阅读目录，却发现完全读不懂。这些内容晦涩难懂，让我整个人陷入了恐慌状态，不知所措。

于是本能地，我终止了这样无意义的阅读。

接着，我做了一次深呼吸，让自己进入了快速学习模式。再睁开眼后进入摄像焦点状态，用影像阅读法去看那份报告。第一次我从前向后翻，而第二次我则是逆向从后向前翻。结束影像翻阅后，我又闭上双眼，默念了结束时的自我肯定。

然后，令人惊讶的事情发生了。

我睁开眼睛，再读了一遍目录。简直令人难以置信！每一句话我都看懂了。接下来，我又进行了复习，很快弄清楚了文件的整体结构，所处理的信息、其目的以及最终结论。再进一步进行"超读+摘读"，仅仅数分钟的时间内我就掌握了数据处理团队在这篇报告中所需要的所有信息。我兴奋地差点儿大叫："太棒了！"

我就像进了糖果店的孩子一样雀跃，迫不及待地快速阅读剩下的文件。剩下的每份文件也仅仅使用了11～13分钟阅读，并且也达到了可以就这些内容进行讨论的程度。

你应该能想象得到，我在下一节课上有多得意吧！我在那堂课上向听讲者们详细讲述了如何使用影像阅读法来阅读报告。一位经理甚至评论道，虽然每个季度他们都要提交这样的报告，但我居然比他能更深入地理解那些内容，真是不可思议。

可见，再难、再复杂的商业书籍或是学者的文章，只要使用了影像阅读·全脑思维系统，你就完全可以轻松应对。

接下来，我给大家介绍一种有效的工具，可以帮助我们在开会或讲课前进行准备，通晓所需内容。

团队式激活

我们来设想一个场景，你是一个部门的负责人，有三位下属。这三位下属拥有不同的专业知识，分别负责不同的业务。比如，其中一人是负责人事工作的，另一人经常和信息系统部门沟通信息，而第三个人则负责营销和商品开发。

有一天，你的公司要普及一个全新的系统软件，因此你不得不去研究这个新软件的使用手册。一看目录，你发现你必须在一周的时间看完600页的内容。

在时间如此紧张的条件下，你如何应对这个情况呢？

如果你使用那些传统的方法，你和三位下属将不得不花好几天时间，通宵达旦、从头到尾地阅读这份使用手册。

而如果你不想用这种令人痛苦的方法进行工作，请你一定要试试这种被称为"团队激活"的方法。

给你的每个下属都发一份使用手册的复印件，告诉他们带回家后，在睡前抽出1～2分钟的时间进行预习之后的影像翻阅。第二天，再召集全员，通过团队讨论来进行激活。

首先，请每个人分享预习手册获得的信息，这样做可以使每个人都了解这本手册的基本结构。接下来，当场分配每个人负责激活的部分，每个人设定一个主题，用7～10分钟的时间进行"超读＋摘读"，寻找更具体、精准的信息。

这个主题通常是这个人比较擅长的领域以及个人感兴趣的部分，还可以对不同的下属提出一些相关问题。比如，平时负责人事工作的下属，你可以分配这样的主题："导入新系统后，我们是否需要招募新员工或举办培训"；而对熟悉系统的员工，你可以问他"新系统和旧系统之间兼容性如何"等问题。

在这个环节结束之后，接下来我们要通过团队讨论的形式来进行激活。每个人都先用5分钟的时间，叙述一遍从说明手册的激活中所获得的信息。

请一位成员归纳要点，并画出一份详尽的思维导图。然后，围绕这份思维导图进行自由讨论，其间团队成员可以针对他人主题互相提出具体问题。

如果你实际尝试了这种团队讨论，你一定会惊异于它的讨论密度之高以及质量之高。团队成员互相问答，有利于双方进行激活，起到了互补的作用。这就是团队激活的魅力所在。

使用了这种方法，文章处理不再是几个小时的低效工作，而是演变为愉快而又有意义的、在几分钟内完成的高效工作。进一步说，这个方法的美妙之处在于，大家可以跨域不同专业的壁垒共享信息，在信息爆炸的现代社会里也是很不容易的。

不仅如此，这一方法的效果显著。

那些能力强的人不需要浪费好几个小时和说明手册"搏斗"，他们可以在自己专长的领域中，集中注意力，拿出最好的表现。信息共享、互相学习，能够提高个人能力，也能帮助团队做出有建设性的决策。

据我所知，这种方法绝对是处理海量信息和文件恐慌的最强工具。在当今时代，一个人完全没必要对某一个领域所有的信息知无不尽。巧妙运用影像阅读法，你就可以跨越专业或部门的界限，每天轻松、自然地进行信息共享。

以上种种，我通过举例说明了团队激活，接下来更系统地说明它的步骤和定义。在需要多人对一篇文章进行共同理解时，随时可以使用这个方法。

1. 开会前设定主题

首先，团队组长把文章的复印件和便条纸分发给成员。便条纸上写明会议目的和要求达到的成果。

2. 各自准备

每个人各自按照以下步骤阅读文章：

- 准备（1分钟）。

- 预习（1～2分钟）。

- 影像翻阅（1～3分钟）。

- 复习并提出2～3个和会议内容有关的问题。

- 如果时间充裕，进行"超读＋摘读"和跳读，寻找这些问题的答案（10分钟以内）。

- 睡觉前，想象以下场景：团队有效完成了激活，完美达成目的。

3. 团队成员一起进行激活

再一次明确提出团队的目的，然后用简单的词汇描述文章内容。讨论文章的形式、主要论点以及作者提出的疑问，并简洁明了地予以总结。

接下来，把你想要分析的部分与具体主题分配给各个成员。例如：其中一位成员从管理的角度来分析报告，另一位成员针对作者提出的问题进行挖掘，最后一位成员要从短期预测的方面进行探讨。

每一位成员对自己负责的部分进行高速阅读，或通过"超读＋摘读"、跳读去阅读整篇文章，找到关键概念。当然，请不要忘记设定时间（熟练的影像阅读者通常只需要7～12分钟就可以激活15～30页内容）。

4. 进行团队小组讨论

重视分析的情况，讨论和确认文章整体内容和结构。

- 罗列出触发词：它们的意义都是什么？它们的意义在中途有没有发生变化？（请参照第6章的"复习"环节。）

- 列出作者的主张：作者的想法到底是基于什么见解呢？这些见解在文章中有所表现吗？有逻辑地梳理主张和论据，这样更容易找到文章的要点——如果先找到结论，就马上去寻找论据，而如果先找到论据，就马上去寻找结论。

- 斟酌作者提出的问题和结论：作者解决了什么问题？有未解决的遗留问题吗？

- 评价文章内容：讨论作者主张的精彩部分和不足部分。自己赞成哪些观点？又反对哪些观点？反对的理由是什么？

重视创新的情况，重点不在于分析文章内容，而是想从文章中获得启发，思考探究新的想法。请按以下的步骤进行：

- 表达读完这篇文章的感受。具体有什么感觉，这是如何看这篇文章的基点。

- 陈述从这篇文章中所获得的事实和信息。

- 这些信息与团队目的有何关联？意义何在？用这些提问展开"头脑风暴"。

- 有了这些信息，应该做些什么？制订计划，安排后续步骤。

影像阅读·全脑思维系统的效果会像涟漪一般扩散到整个公司，甚至还拥有改变工作方式的力量。当所有成员都能共享信息时，就能做出合理、恰当的决策。最后，团队的激活可以使信息收集不再依赖于个人努力，就可以轻松实现信息共享。

在睡觉前，花上几分钟的时间来进行预习和影像翻阅并不会耗费精力。开会时，用10分钟时间，带着要解决问题的强烈意志进行激活，会产生令人惊异的强大效果。信息得到共享，团队成员一定会齐心协力，认准方向共同努力。

在商业之外的场合应用此方法

在本章中，我已经向你介绍了团队激活如何应用在商业场合。而其实，只要有信息共享的需求，这一方法都可适用。

比如，"读书会"将是你锻炼影像阅读法技巧的最佳场合。如果没有适当的"读书会"社团，你不妨去招募成员自己组织一个，相信一定非常有趣。

在大学里，有时需要分组阅读指定的书籍，这时影像阅读法也是你的最佳选择。按照我传授给你的技巧做好充分的准备工作，你的理解力一定会得到团队成员的认可，觉得你是团队组长的不二人选。

或者我还可以向你推荐这样的应用方法。设定一个目的，并为了达成目的去召集一些志同道合之士，定期举办讨论会。这个目的可以是个人目的，也可以是工作目的。我将这种计划称为"成功团队"（Success Team）。团队成员每月都齐聚一堂进行影像阅读，这的确需要决心和毅力。但是，坚持实践的人们才能不断取得进步和成果。

召集更多的伙伴进行影像阅读

当你想要使用团队激活这个方法时，团队的所有成员都必须是影像阅读者。到底要怎样做，才能让团队的所有成员都熟练掌握影像阅读法呢？

方法很简单，你只需购买这本书给团队的全体成员，然后简单地向他们介绍一下"预习"和"影像翻阅"，让他们对本章节进行激活就可以了。相信他们应该会产生极大的兴趣吧？

我向你郑重承诺，学习这个系统一定会让团队每个成员都受益无穷。请建议他们参照这本书最开始的一章："用25分钟读完这本书！"阅读到第二阶段。这大约需要一个小时。

你再也不是那个"没看过报告，所以不想参加会议"的你，也不会再发生"带回家的文件总是看不了"的自责行为，让它们都成为过去吧！现在，正是你站起来，发挥自己领导力的时刻！信息就是力量，如果你能掌握获取和共享信息的方法，那么你就能超越他人，跑在队伍的最前面。

请你从今天就开始实践吧！影像阅读·全脑思维系统将会戏剧

性地改变你的工作方式，并引领你走向成功。

　　到目前为止，我已经向你介绍了影像阅读·全脑思维系统应用于阅读、学习和商业工作等场合的方法。其实它的应用范围还远不止这些，不过在进一步介绍之前，我们先换个心情，去了解如何才能让影像阅读法技巧更上一层楼。

第十二章

积累经验，
丰富影像阅读法的体验

到底怎样才能使你的影像阅读法技巧更上一层楼？那就是更多地使用这一方法，感受它对你的帮助。其实说起来非常简单，总之就是多用！

不过，影像阅读法和其他速读法不同，我不建议大家一味单调地重复练习。我希望大家保持放松的心态，怀着求知的热情，享受与每一本书的对话。只有这样，才是高效、长久提升自我水平的捷径。

虽然有一句老话告诉我们"吃得苦中苦，方为人上人"，但在调动大脑方面，这句谚语其实毫无意义。强调吃苦根本不能提升影像阅读法的水平。但只要在日常生活的阅读中都采取这个技巧，你的水平就会在不知不觉间见长。

另外，当你想要自我启迪或者为了开发自身潜能而进行阅读时，这个系统将更加富有价值。你一定会自然而然地觉察到，随着影像阅读法的水平不断提高，整体的生活品质都会有所提升，生活会变得越来越美好。

影像阅读·全脑思维系统将会让你体验阅读速度提升、理解能力提高的美妙效果。而且你还会惊奇地发现，它绝不仅仅是一种阅读方法，有了它你的人生会更加丰富多彩。

如果使用影像阅读法，你的集中力和记忆力都会有明显提高。为了达成某件事而付出的努力，也一定会为你带来成功的喜悦。只要使用全脑，想要做到的事情都会更快速、更轻松地获得成功。

那么，下面我们就来看看学习影像阅读法后会发生什么样的美妙变化。

强化视觉和脑部的连接

凡是阅读速度特别快的人都有一个特征，就是阅读时，把文字看成一个整体印象来认知。也就是说，直接由眼到脑来进行信息传递，而不是经过"音读"这一中转工序。各种研究已证明，即使不在脑海中默读文字，也完全可以理解其内容。如果硬要在心中默读这些文字的话，那么阅读速度就会变得和说话速度一样缓慢，顶多也只能在一分钟内读完一页半稿纸的字。所以，让我们来突破这种"音控"模式吧！使用这个系统，不需要把每一个字都变成声音，而是要直接理解进入眼睛的内容，步入飞速阅读的境界。

大部分人长期养成了习惯，依赖用视觉和听觉两种完全不同的信息来处理文章，理解书面文字的意思。

一旦养成这种习惯，其实很难改善。为了养成良好的新习惯，请先让自己不要有压力，轻松面对本书，没必要苛求自己读一两遍就能理解所有内容。

请你努力回想本书说明的各种技巧，然后尽量多多使用。只要你运用了影像阅读·全脑思维系统的任何一个步骤，都请好好地表扬自己。

请试着训练自己的视觉

视觉训练有助于提升眼睛和大脑对文字信息的处理能力。我所接受过的视觉训练包括集中或分散焦点或是从远到近移动焦点的训练，平滑地移动视线去追随动态的物体，扩大视觉信息的短期记忆容量，扩展自己周边视野的范围等训练。

通过这些训练，我可以强化自己的视觉系统，锻炼良好的平衡能力。视觉训练的效果会在各种使用眼睛的场景中显现出来，特别是在阅读上会有十分明显的成效。

扩大周边视野

所谓的周边视野，就是除了自己视线的焦点以外，还能看到的其他周围部分。一般情况下，映入周边视野的各种信息，我们不会有意识地去认知它们的存在。但其实周边视野所能获得的视觉信息占到整体视觉信息的99%。如果你能够高效、有效地利用这些视觉信息，那么将会给你带来意想不到的收获。

将瞳孔张开就能扩大你的周边视野，你可以通过调暗光线来达到这一目的。就像摄像焦点的状态一样，只要扩大了自己的视线，使之分散，那么自然而然就会产生效果。为了创造同样的条件，每次进行影像翻阅时，我们都要尽量选择周围光源是柔和的暖色系的阅读地点。

在影像翻阅的设计中，充分考虑到了如何扩展你的视野。就像飞行员们一定会接受特殊训练，学会如何克服因为恐惧飞行而导致的视野变窄一样，影像翻阅的训练也会在你积累了一定经验和知识之后，帮助你更清晰地看到眼前更多的事物。比如，影像翻阅时看到的不仅是单个文字或短语，而是连这一页的最边缘部分都能完全收入眼中。

扩大周边视野为你带来的好处远不止如此。你的周边视野提升后，对那些在视野中毫不起眼的事物，你都能灵敏地做出反应。开车时，你的反应会更快，打网球也会更加厉害，打牌的技能会变得更强，合唱也会变好；甚至在嘈杂的办公室里，你都能不受环境影响安心工作。或在商店里寻找商品时，也会发现找东西更快了，打字速度能加快数倍等。类似的效果简直不胜枚举。

那么，到底怎样扩大周边视野呢？
下面我来列举一些简单的方法：

• 开车时，一边直视前方，一边注意道路两侧的物体映在后视镜里的样子。遇到道路指示牌时，也不要移动你的视线，而是直接用余光去读取信息。

• 保持"摄像焦点"行走。将自己的视线固定在地平线上的一点，然后让周围的风景像宽幅照片一样全部映入视野。

• 和别人交谈时，只注视这个人的面部，然后用余光观察此人今天穿了什么衣服，佩戴了什么首饰等。

• 进行影像翻阅时，注意书的留白与行间距。

• 在练习武术的时候也可以尝试，太极拳和合气道这类相对缓慢的运动最为理想。

用影像翻阅去阅读与禅宗和冥想法有关的书籍，这个方法最适合以放松的心态来提升自己的感官能力。蒂摩西·加尔韦（Timothy Gallwey）在他所著的"身心合一的奇迹力量"（*Inner Game*）系列书中，介绍过一种通过身体与心灵的默契配合来大幅度提升打网球或高尔夫球能力的方法。他将禅宗思想用十分西方的方法重新诠释，更加浅显易懂。而在这本书中出现的很多技巧，其实都可以转换到影像阅读法中去活用。

用影像翻阅去阅读有关"冥想法"与"心灵本质"的书籍时，你并不需要立即进行有意识的激活。而是就这么静置数日，感受自己身上发生了怎样的变化。你会惊讶地发现，自己的技能已经在不知不觉之中有了很大提升，大脑所隐藏的潜力也得到了充分挖掘。

当你不停地重复这种体验，不断地见证这样的奇迹之后，你会感到自己的人生也变得更加丰富多彩了。想要深入了解这一方面的读者，请参照第13章。

如何进入身心放松的精神集中状态

长年的研究证实，如果太过有意识地去学习或是想要提升自己的能力，通常不会得到最佳的效果。这时候，你的意识将不能和自己的五感充分结合。而理想的学习状态是指，你的注意力集中于自己的内心，用直觉去理解学习的内容。如果你能充分利用大脑的超强信息处理能力，那么不仅学习速度会有飞跃性的提升，并且你会变得更擅长运动，对自己的潜能开发也有显著的提升效果。

想必你一定知道，大脑会不断释放电子信号。这种电子信号就是脑电波，它可以通过脑电波描记器（EEG）以赫兹（Hz）为单位进行测量，也能测算每秒的脑电波皮层功率谱密度（cps）。脑电波通常都会在1～30cps的范围内。每当你的脑电波的波长发生变化，大脑机能和能力也会随之改变。

诺亚·戈登（Noah Gordon）博士在自己的著作《魔法教室》

（*Magical Classroom*）中，把脑电波的频率范围比喻为电视或者广播的频道，并且将其命名为"大脑频道"。不同频率的脑电波将处理完全不同的信息，就像你可以任意切换自家的电视频道一样，你也可以尝试着切换自己的大脑频道，让大脑本身的能力更准确地发挥出来。

大脑有4个主要频道，可以随时切换，这4个频道具体如下:

频道1——活动频道（16～30cps）。掌管对外的行动、评判和分析性思考，处于压力状态。

频道2——放松频道（13～15cps）。这是一个从压力状态中释放，让身心都准备进入觉醒状态的入口。

频道3——学习频道（8～12cps）。这是理想的学习状态，你可以沉着地进入轻松愉悦的学习模式，集中你的注意力。

频道4——创造频道（4～7cps）。能够彻底地发挥你的想象力、直觉力、创造力、独创性和天才性的一个频道。在这个频道之中，你可以最大限度地发挥自己拥有的潜能。

我用了多年时间去观测影像阅读者的脑波频率，结果发现，当他们进入"摄像焦点"状态开始影像翻阅时，他们的脑电波都会展现同一特征。这种脑电波特征是在进入"摄像焦点"状态后自然出现的，因此也可以理解为适合影像翻阅的理想大脑状态，不是因为身体处于放松状态，而是和眼睛的使用方法密切相关。但同时，越是能够长时间维持身心放松、精神集中状态的人，会越快地掌握影像阅读法。

请你按照第5章中介绍过的影像翻阅顺序，进入快速学习模式吧。你一定会发现自己能够自由操控自己的想法和知觉了。在这种状态下，你的自律神经、心跳次数、瞳孔扩张、出汗以及肾上腺激素的分泌等身体生理现象都会发生改变。这样的现象通常都是在无意识的情况下发生，无法被有意地控制。也就是说，如果你进入了放松状态，就会对身体产生直接影响，然后从各方面反映出来。

诸如这样，如果身体放松了，那么精神上也能高度集中，还能更自由地控制思考与情感。所谓学习，就是一种改变思考与情感框架的行为，因此如果你处于快速学习模式，那么将是最有效的学习状态。

下面，就向你介绍如何进入身心放松的精神集中模式，以及如何磨炼这种状态的技巧。

• 做到膳食平衡，并适当运动。如果你摄取了足够的营养，那么身体和大脑也会变得更加强壮，自然而然，精神上也能达到和谐状态，变得更加健康。不要摄取过多含有脂肪和糖分的食物。当你进行影像翻阅时，为了让血液中的氧气能够充足地输往大脑，也要摄取足够水分。

• 时不时地进行深呼吸——深深吸气，然后再慢慢吐气。这样，你会感受到自己放松下来，身心平和下来。

• 用影像翻阅去阅读与"自律训练法"和"冥想法"相关的书籍。读完后，即使不进行激活，书中的教导也一定会渗透到生活的各个方面，并产生影响。

• 尝试冥想。冥想有很多种，通常包括气功、瑜伽和禅定等。你也可以去自行探究最适合自己的冥想方法。

明确目的

拥有明确、脚踏实地的目标，是人在攀向成功高峰中不可或缺的要素。我们的大脑一旦有了一个切实的目标，就会不断地为之付出努力，因为我们想要获取成功，就必须需要一个具体、明确的靶心。为了让你在使用影像阅读法后能获得更多成果，你需要始终具有明确的目标，这点至关重要。在阅读任何书籍时，请首先确定自己的阅读目的。

接下来，我将向你提供一些建议，来帮助你设定目标，取得成果。

每天运用影像阅读·全脑思维系统

不经历实践，技巧永远不会提升。但是，影像翻阅完全不用刻意练习，只需要你将它渗透到每天的生活中去。比如，当你平时想读一本书时，请务必活用这个系统。大家一听到"练习"这个词，就总感觉到自己不得不专门抽出一些时间进行特殊训练。然而，在练习影像翻阅的时候，我希望你抛开这种压力，在日常生活中不得不阅读的时候，尽情活用影像阅读·全脑思维系统就可以了。

设定阅读目的

找到一群和自己共同进行影像阅读法的伙伴，相互确认彼此的进步吧。在设定目标时，请务必设定切实可行的目标，绝不能设定一些虚无缥缈、根本不可能实现的目标。完成目标后，它会给你带来一种激励。只有当这种目标能够提升自己的能力，并且能靠一己之力达成，它才会真正有意义。

即使你的方法没有达到预期效果，也不要责备自己

通往成功的路并不只有一条，请你务必多多尝试其他方法。如果你一直纠结于同一种做法，那么就只会重复相同的结果。请抛弃自己的旧习惯，不断尝试新方法，然后坚持相信自己可以创造无限的可能。

切实感受自己的进步

哪怕你只是离自己的目标又近了一小步，也请你务必停下来表扬一下自己。那种完美主义者所认为的"完美的成功之外全是失败"，根本就是毫无意义的。不管是多么小的一步，也是朝着目标踏出的坚实一步。这意味着你离成功更近了，是绝对不容忽视、十分有意义的进步。

活用记忆法

相信你一定有过这样的经历：想叫出一个人的名字，明明就在

嘴边却怎么也叫不出来。这种现象被称为舌尖现象——你明明知道，却无法把思维转换为语言。而在这种情况下，为了将无意识层面的信息导出为意识层面的信息，你需要给自己更多的时间。

"我知道这个人的姓名，马上就能想起来了！"请你不断地向自己重复这样的话，不要强迫自己非得想起来。然后，静静地等待这个人的名字自然地浮现在自己脑海中。

这世上有这样一个法则：当你十分强烈地想要实现某事的时候，首先要静置一会儿，暂时忘记这件事，之后你反而会发现自己的愿望实现了。这看似消极，其实却是对自身最为积极的态度。你可以通过这样的方式来构建自己对大脑的信赖："到了关键时刻，大脑一定会派上用场。"这份信赖也将是你成功运用影像阅读·全脑思维系统的关键所在。

充分利用自己的梦境

大脑在处理无意识层面的信息时，经常会利用"梦"。

如果是在早晨刚睡醒的时候，你可能会发现一些梦境你还记得比较清楚。而这些梦境，是否就有前一天你进行影像翻阅并激活的那些书的片段呢？

努力回想梦境，其实是意识层面和无意识层面沟通的一座桥梁。你每次想起一个梦境，其实都是成功地进入了大脑中的海量数据库一次。

去窥探自己的梦境吧！这种窥探的第一步，就是要在醒着的时候也努力回忆梦中的内容。在这样尝试的过程中，有时候你会发现，睡梦中的自己也能意识到自己正在做梦了！这种梦我们称为"明晰梦"。当你不断地尝试回忆梦中的场景，甚至努力练习想起其中的细节时，你就会发现你越来越容易做一些"明晰梦"。

其实如果努力回想梦境，一般都能记起来。如果你真的想要记起自己的梦境，那么请在睡觉前不断地向自己暗示："我一定要记住我的梦！"

为了进一步强化这种暗示，你还可以在枕边放好纸笔。每天早上一睁眼，在梦境尚且清晰的那个瞬间，马上将自己的梦境用思维导图的形式记录下来。这样的话，将十分有助于你回忆起梦境里的更多细节。

唤起梦境的另一个诀窍，就是在梦醒之后不断地向自己提问："刚才梦见了什么？"如果不这样做的话，好不容易看到的梦境就会不小心被你全部忘光。所以请不要急躁，慢慢尝试。

在早上睁眼之后，不要移动自己的身体，也不要去思考别的事情，只是静静地躺在那里，等待梦的碎片重新浮现在脑海中。保持躺卧的姿势，不断地向自己提问，重现自己做梦时的心情，这样没准也会帮助你回忆起自己的梦境！最初，你也许无法顺利地回忆起来，但请千万不要放弃，继续保持努力。

你现在阅读的这些内容，一定会对你今晚的梦有所帮助。这本书上写了很多能够从根本上改变阅读方法的内容，可以使你唤醒大脑中沉睡的大量记忆。在入睡之前用影像翻阅阅读本书，让本书的内容成为进入大脑的有力工具吧！

当你的眼睛和心灵完美对接，对周围的注意力有了提高，心境得到了强化，还能够清晰地记起自己的梦境时，你就可以骄傲地宣布："我的影像阅读法技巧已经更上一层楼了！"

第十三章

唤醒沉睡的"天才"——
直接学习法

"恭喜你,你已经完全掌握了影像阅读法!那么接下来,让我们去打开大脑蕴藏无限可能性的另一扇门吧!"

当我向我的学生们说出这些话时,很多人都瞪大了眼睛,十分惊讶。然而,当他们发现我态度非常认真时,他们又迫不及待地催促我赶紧讲下去。

"在学会影像阅读法后,还能做些什么?"

在讲座开始不久,你就已经发现,影像阅读法并不只是一种信息收集方法,它还能为你开启无限的可能。

如果你能掌握接下来介绍的三个概念,那么你马上就能运用更具威力的新技能。

体验直接学习法的奇迹

在刚开始教授影像阅读法时,我们为学生们取得的成就感到惊讶。他们在影像阅读法的帮助下，在网球、高尔夫、壁球、钢琴、打字、在公众面前演讲等方面的能力都自然而然地提升了。这些能力的提高一定程度上和同主题阅读法有关系。在对自己感兴趣的主题上，用同主题阅读法阅读了多本书之后，他们发现不知不觉间，自身的技能也有了明显的提升。

只是读了这些书，能力就自然而然地提升了，这样的情况和传统学习方法的常识完全相悖。根据传统的学习方法，"获取知识"和"掌握技能"是两种完全不同的概念。但看到这么多实际的例子之后，我开始思考，即使没有进行身体上的练习，行为技巧也可以使你在不知不觉间掌握很多技能。

我们提出了这样的假说：由于影像阅读法会在潜意识层面上向大脑输送信息，所以它的效果不仅限于认知，同时也在大脑中形成了影响行动的神经元结合。经过我的实际考察，并在阅读了一系列关于暗示学习法（在无意识或是不明示的情况下学习）的文献之后，我发现我们的学说绝不是一些异想天开的胡言乱语。

明示学习与暗示学习的根本差别在于，究竟是将学习归结为"用大脑理解"还是"用身体记住"。明示学习依赖于自主记忆作用，必须有自主意识地去进行学习，有意识地通过"储存记忆—回想记忆"来积累知识量。而暗示学习法并不需要你自主地进行学习，甚至可能连你自己也不知道缘由，就可以完全掌握了某项技能。

神经学博士理查德·雷斯塔克（Richard Restak）认为，大脑具有两个区域，一个主管明示记忆，另一个主管暗示记忆。如果一个人遭遇了事故，造成大脑的明示记忆区域受损，那么即使他学到了新的知识，也不会觉得自己学会了这个知识。但是尽管如此，他学到新知识这一事实将会表现在其日常行动中——这一学说已经通过实验得到证明。

那么，这是否说明影像阅读法已经有机地将大脑的暗示记忆与学习系统结合起来，使其自然而然地发挥作用呢？

为了验证这一推论，南非医生依奇·卡莱（Izzy Kacew）提出了这样一个方案：调查并统计在进行影像阅读法时，大脑的哪个区域比较活跃。美国退伍军人事务部医院的医生团队实施了这一方案。随后，核医学专家艾尔玛·莫利纳（Irma Molina）博士和桑德拉·格雷西亚（Sandra Gracia）博士率领的研究团队也对几位影像阅读者的大脑做了相关检查。经过实验研究，研究团队认为有必要展开更大规模的研究。

请你想象一下，当你想要提升某些技能，并用影像翻阅阅读了相关书籍，某天你在需要使用这项技能时，突然发现自己已经可以自由使用它了！这种暗示性的学习效果可以被认为是在行动层面上表现出的"自然激活"的一种。直接学习法并不只是学习知识，而是在行动上也要促发激活的一种有效机制。

直接学习法的步骤

接下来，我将向你讲解直接学习法的各个步骤：

- 首先，需要在脑海中详细描绘自己想要掌握的技能——最好是你有强烈兴趣的。你描绘得越具体越详细，这个方法就越有效果。

- 选择几本与这一技能有关联、值得信赖的书籍。需要注意的是，必须以"如何"（how to）形式明确地写明具体步骤。如果是阐述理论的书，只要里面提及了应用方法，也是可以的。这些书中都包含了作者多年积累的知识与经验，甚至还包括了诸多前人著作中的重要信息。请假设自己已经把所有知识都下载到自己的神经线路中。

- 对自己选择的书籍进行影像翻阅。阅读前明确自己的阅读目的，读完后都要进行自我肯定。每看完一本书，轻轻舒展一下身体，或者喝些水休息片刻。整个流程都必须保持身心放松的集中状态。如果中途分心了，那么就请稍微休息，然后再重新返回这个理想状态。

- 向自己的大脑发出"把新技能反映到行动上"的指令。像孩子们玩"过家家"一样，在脑海中模拟自己做出新技能行动的画面。根据格式塔疗法（Gestalt therapy，又称完形疗法），如果在脑海中做想象训练，那就等同于你在自我暗示"我已经成为了××"。想象未来的景象，对已经掌握必要信息的大脑发出指令，在未来出现需要时引发行动。

以上就是直接学习法的激活原理了。信息会在相符合的文脉之中进行自发性的激活。直接学习法在我的另一本书《潜在能力能够解决所有问题》中还有更详细的说明，也可以参照那本书进行练习。

在直接学习法当中，我不建议你使用通常的激活步骤。那样会把读过的内容在意识层面进行理解，而当意识想要控制这个过程时，反而会变成一种障碍。

在我们的文化环境当中，几乎所有的人都会被灌输"勤奋是一种美德"的思想，也会对"劳有所得"深信不疑。他们认为，这就和体育运动比拼耐力一样。竞技运动的教练也经常说"不吃苦就别想有回报"，以此来让选手们进行夜以继日的刻苦训练，最终走向成功。这样的想法深深地扎根于每个人的脑海中。

然而，直接学习法向这种传统思维发起了挑战。它会向我们证明，只要运用好潜意识，其实我们可以选择障碍最少的捷径，无须吃苦也能获得成功。这也许会成为人类历史上头一回获得的新概念："不吃苦也有收获"，并且成为现实的选择。所以，如果有这样的捷径，我们为什么不去利用呢？

直接学习法还会向你提出一个简单的问题："你到底想要什么？"如果你能清楚地做出回答，那么实际得到你想要的东西就只是时间问题。

让我们再来梳理一遍直接学习法的步骤。在直接学习法之中，首先明确想要掌握的技能，然后影像翻阅多本与这个技能相关的书籍，在脑海中描绘出自己熟练运用这一技能的样子。于是，大脑将在必要的时候引发你的身体做出行动，获取成功。

大脑是你成长发展过程中最强有力的伙伴。相信你的大脑，寻求它的帮助，它一定会给你带来令人惊讶的成果。

开启天赋模式

通过影像阅读法，你可以轻松地觉察内心深处的天赋潜能。而在进一步运用终身学习的工具——天赋模式的4个步骤后，它会使你的天赋潜能开花结果。当你完全掌握了天赋模式后，所有问题都将迎刃而解，人生将会变得更加轻松有趣。

天赋模式会在你的人生遇到瓶颈时为你打开一扇窗，带领你走向成功。它有4个步骤，分别是"释放"（Release）、"感知"（Notice）、"反应"（Respond）以及"确认"（Witness），在我的另一本书《潜在能力能够解决所有问题》中有详尽的解说。

在这里，我也向大家说明一些要点。

第一个步骤叫作"释放"，顾名思义，它要求你的身体从紧张的压迫状态中释放出来。身心都处于放松状态，才是最适合学习的状态——也就是说，它是人们进入身心放松的精神集中状态的关键。

人在想要打破现状的时候，总会十分紧张，感到阻力重重。而具有讽刺意味的是，越是陷入紧张状态，你反而越做不好事情，一些小事都会牵动你的全部神经，太注重细微之处会让你无法看清整体。

"释放"的方法其实有很多，比如改变姿势，让眼睛得到休息，进行几次深呼吸或是转换心情，都是十分常见的"释放"方式。这将有助于你的心情平静下来，减轻压力和疲劳。与此同时，你的五感也更敏锐，可以更好地处理大量信息，丰富自己的选择。

释放之后，你感到自己从被困的状态中解脱出来，可以看得更远。这时候，你需要打开知觉的开关，世界就会豁然开朗，一览无余。

第二个步骤叫作"感知"，能够提升你的知觉能力，察觉任何和现状有关的信息。这样，你自然而然地就会变得富有创造力，创造更多的可能性。

大脑的信息处理能力让我们叹为观止。潜意识的信息处理速度，要比表意识的更加迅速。如果你能发出精确的指令，大脑就能严格执行，任何难题都能解决。

遇到瓶颈、处处碰壁的人常常会陷入进退两难的境地。又想要跨越现在的困境，但又害怕遇到失败或者被惩罚，就这样一直停滞不前。这时，放松并释放自我，让感官变得敏锐，用心去感知，才能从胶着状态及时脱身，踏出解决问题的第一步。所谓"感知"，就是要同时察觉外部和内部环境，把握现状，从不同的角度看待问题，做出合适的判断来应对当前的局面。

如果你能够以旁观者的角度来观察自我，你就能客观地把握自己的现状。你会发现，所谓的胶着状态不过是像公园的跷跷板一样，重复着上上下下的动作。

只有跳下跷跷板，才能看清它的平衡点。同理，五感变得敏锐后，你可以准确地找到制衡点，摆脱两难的困境。

通过"释放"和"感知"，你可以马上进入适合学习的最佳状态，也就是所谓的身心放松的精神集中状态。在这种状态下吸收大量信息，可以帮助你在众多选项中挑选出最适合自己的行动。

第三个步骤叫作"反应"，正是你为了打破现状而采取的行动。如果你采取了某些行动，会有两种结果——情况可能会恶化，也可能会转好。你可能因为不安而缩手缩脚，不敢轻举妄动；但也有另一种可能，你又有了继续前进的勇气。无论如何，在实际行动之后马上就会显现结果。

大脑可以感知你采取行动之后的结果（或是你没有采取行动时所得到的结果），所以无论情况好坏，它都会进行轨道修正，并帮助你可以努力朝着好的方向前进，让你信心大增。

第四个步骤叫作"确认"，你可以在这一步骤之中客观地评价自己的行动结果，进而迈向成功。第三个步骤中的行动结果到底是好是坏，其实并不是最重要的，重要的是你必须要将"行动"和"结果"结合起来看待。不要因为行动的结果而苛责自己，给自己以安心感和自信也十分重要。只要你的信心提升，不断修正轨道继续迎接挑战，最终也能够收获成功。

以上就是天赋模式的所有步骤。你想突破现状吗？你想更有活力吗？你想挑战新目标吗？如果你在天赋模式下反复进行练习，那么你一定会变得充满自信，能力也会突飞猛进，使你的"天赋潜能"绚丽绽放！

令人遗憾的是，我们中的大多数人都受到学校教育的影响而变得思维僵化，"学习是一件非常无聊的事"这种思想在我们的脑海中根深蒂固。然而，通过天赋模式，我们可以颠覆这种思想，找回自信，找到学习真正的乐趣。想想每天都能学到新知识，完成以前做不到的事，这样的体验将是多么令人兴奋啊！

"作为一个成年人，还能天天成长和进步"，没有什么事比这更美妙和精彩了吧！当天赋模式在你心中觉醒的那一瞬间，它将会成为照亮你人生的一盏明灯。

影像阅读·全脑思维系统以从文字中汲取信息为主，而天赋模式作为另一种注重体验学习过程的方法，对影像阅读法起到了很好的补充作用。

如果在影像阅读的过程中遇到困难，那么请试试天赋模式的4个步骤！

把自己从"完美主义"的压力中释放出来，以轻松的心态学习。让五感变得更加敏锐，不仅关注书本的内容，同时留心周围的情况，结合你自身的知识和经验，获取一切可获取的信息。整合梳理后，你会发现无形中已开辟出一条全新的道路，等着你去探索。勇敢地去尝试，根据自己的行动结果随时随地修正路线，向着胜利努力前进吧！

唤醒你的直觉

1986年1月，我第一次正式举办影像阅读法讲座。

　　第三节课一开始，我就问学员们："学习影像阅读法之后，有谁遇到了什么和平常不一样的神奇体验？"

　　于是，一位名叫汤姆、平时不声不响的学员突然站起来说道："我不清楚这件事和影像阅读法是否有关系，但在前几天，我有过一次非常不可思议的体验。我是一名消防队志愿工作者，而在上周三的晚上，我被火灾通知吵醒了，稍加准备后赶到了消防站。令我惊讶的是，那里一个人也没有。如果是平常的话，肯定会有很多人比我早到。我在那里站了一会儿，火灾报警器突然响了起来。也就是说，我在火灾报警器响的几分钟前，就已经出动了！老师，你说这到底该怎样解释呢？"

　　多年以来，我一直举办如何激发直觉力的专题讲座。其实，汤姆的神奇经历正是直觉力自然觉醒时常常出现的情况。

　　那些难以置信的偶然体验之所以会出现，其实是经过适当转换的潜意识，再加上明确的意图，两者共同发挥作用的产物。

　　进行影像翻阅和激活之时，你脑海之中的意识和潜意识会频繁交流，其实这就是直觉的真相。直觉就是将在潜意识层面感受到的信息有意识地传达出来，它是连接两者的通道，而至于如何使这种通道更加粗壮，我们要进行专门训练。不论是谁都可以锻炼出这种强大的直觉。

　　下面，我就向你介绍直觉的锻炼方法。

• 注意浮现在脑海中的影像、交谈、情绪等感觉。

- 不要将注意力只集中于一件事，全方位地打开感觉的开关，尽可能地收集信息。视觉上，拓宽自己周边的视野，关注周围的一切信息；听觉上，同时多层次地听取各种声音。在热闹的饭店吃饭时，就可以练习同时倾听周围餐桌上人们的交谈声，甚至从厨房中发出的声音。或是发挥自己的运动感觉，感受自己的坐姿、心情以及后颈温度。

- 无论是外部环境还是内部环境的信息，都要真诚地全部接纳。

- 用直觉来体验。比如，在等电梯按下按钮后，用直觉来猜测哪部电梯来得比较快。

通过锻炼直觉，不仅会让你的影像阅读和激活的水平上一个台阶，并且还会使你的人生变得更加有滋有味、丰富多彩。

完善这个技能

你的大脑与生俱来就具有影像阅读的能力。但话又说回来，并不是这套阅读系统的所有技巧，都是我们天生具备的。这个系统是一个相对复杂的学习技巧集合体，要靠不断地学以致用才能巩固和完善并运用自如。

以影像翻阅为代表的各个步骤，就像你学习如何弹奏钢琴、使用电脑一样，是一门熟能生巧的技能。

　　为了帮助你在日常生活中得心应手地使用这项技能，我推荐你使用美国明尼苏达大学专家德威特·W.约翰逊（DeWitt W. Johnson）和马里兰大学专家弗兰克·P.约翰逊（Frank P. Johnson）提出的方法。他们的方法也完全适用于学习掌握影像阅读·全脑思维系统。

理解这项技能到底为什么重要，对自己又有哪些好处

　　想要掌握一项新技能，必须满足一个先决条件，那就是切实感受到这项技能对自己的必要性。你的决心就是一切，而下定决心之后，就是"有志者事竟成"了。

理解运用这项技能的效果，学习这项技能包含的一系列流程

　　影像阅读·全脑思维系统是一种在可用时间内达到所需的理解度并完成阅读的有效方法。这个系统由5个步骤构成，分别是"准备""预习""影像翻阅""复习"和"激活"，而各个步骤中分别包含了一系列重要的操作流程。

　　按照指示反复尝试和练习，直到你完全理解各个步骤的流程。你也可以观察那些熟练者是如何实际使用影像阅读法的，这将对你十分有帮助。如果你在心中对这项技能的原理了如指掌，接下来你可以在心中进行演练，反复练习，彻底掌握这项技能。

每天为它寻找用武之地

　　要想完全掌握这项技能，你必须反复实践。哪怕实践的时间较短，也要让它成为每天的必修课，坚持在不同场合练习、使用。

请其他人监督你，并请他（她）评价你的表现

要想朝着目标不断前行，定期接受客观评价非常重要。所以，请找到能够相互评价的朋友或一起阅读的伙伴吧！

坚持就是胜利

重中之重，就是坚持、坚持，再坚持！学习一门新技能时，不论是谁都会遵循相同的学习曲线：开始时进展较为缓慢，但过了某一个时点突然加速；随后速度又会减缓。任何学习过程，都会遇到这段"停滞期"。因此，即使你有一种碰壁感，也依旧要坚信在碰到这面墙壁之后，你会有飞跃般的提升，所以，保持步调，坚持练习。

向着胜利持续学习

在自己的能力范围内，循序渐进、有计划地提升水平。比如，早上读报纸时，用计时器记录下今天阅读一篇报道所花的时间；第二天找一篇程度相同的报道，用比前一天少5分钟的时间去阅读。多使用预习、"超读 + 摘读"或是跳读，不断提高它们的精度，逐步加快自己的阅读速度！

请伙伴们为自己的学习加油

和同样练习影像阅读法的伙伴们一起交流心得，这会为每天的学习带来支持和鼓舞。召集一些志同道合、对影像阅读法感兴趣的朋友，互相激励、共同学习吧！

在违和感消失之前，请你坚持练习

一项新技能，需要不断磨合，才能掌握得越来越熟练。但是在掌握的过程中，难免会过于注重表现，反而变得笨手笨脚，甚至怀疑自己是否只是形式上"依葫芦画瓢"。

遇到这种情况，请不要感到沮丧，也不必为此半途而废。回想我们初学打字的时候，动作也是很生硬的。但在克服困难以后，自然会变得心应手，所以不必过于担心。

本书向大家介绍了各种影像阅读法的技巧。然而，目的最终能不能实现，还取决于你自己。如果你一心想掌握它，你要做的就是"使用！使用！随时随地使用！"

这听起来是不是感觉有点儿费力？不过，你完全不用勉强自己，也不需要重新调整你的"练习时间"。那只会徒增你的压力和不安，达不到预想的效果。

在生活中，眼看那些你想读的或不得不看的书本和资料像洪水般涌来，我们只能迎面而上，就让我们用影像阅读法去接招吧！

首先，就从你身边堆积如山的书籍开始，着手进行处理吧！

如何使用影像阅读·全脑思维系统

临近本章结尾，让我们来想想你要面对的文字信息到底会是什么样的内容。有的会是报告，有的是业界杂志，还有的可能是教科书，甚至还有各种网页，总之千姿百态，有太多需要你阅读的文章种类。

对你来说，何时何地，处理什么样的文章最为常见？不管答案是什么，使用影像阅读法，你都能轻松地解决它们！

有了具体概念后，认真决定到底要在哪些时间和地点具体应用这套方法。比如，我们可以联想到自己在早晨快速浏览晨报大标题或照片的说明文字来努力进行预习的样子。

类似的运用影像阅读·全脑思维系统的场合数不胜数。在下一章中，你会发现你的可行清单里又多出好几种新的方法。

本书中，我向大家推荐了阅读相关书籍，或体验各种练习，或是团队合作等能让你更上一层楼的方法。其用意就是，你掌握的信息越多，你所具备的那些"潜能"才有可能更好地发挥出来。请利用本书最末尾的参考文献清单，让自己的知识更加渊博吧！

你要明白，彼得·克莱因（Peter Klein）在自己的作品中讲述的"创造无限可能"（Everyday Genius）其实就隐藏在你的体内。别人没法告诉你，只能靠自己去发现。我衷心地祈祷更多的人能意识到这一事实。

第十四章

影像阅读·
全脑思维系统的真谛

这里，我来告诉你影像阅读法的终极奥秘吧。人能够在一分钟内用影像阅读法阅读60页书，是因为包括你在内，任何人的大脑都拥有这种与生俱来的能力。这一才能早已经存在于你的大脑中了，它正是你的"天才潜能"。把它发挥出来，让它成为你日常生活的一部分。

相信自己的能力，积极坚持运用，你一定会发现自己还具有可以超过影像阅读法的强大能力。

最终选择权在你手中

我曾经有一个非常宝贵的机会去研究世界上最优秀的学习者——婴儿。

婴儿就是最积极地向着目标不断努力，并且从来不知疲倦的学习者。我与妻子曾经最喜欢的事情就是观察我们三个孩子是如何在物理世界以及精神世界中努力学习的。

你完全无法想象他们的求知欲有多强，多么迫切地想要了解这个世界。

虽然我的三个孩子都早已成人，但是他们直到现在仍然还在认真、积极地开拓着自己的世界。学习是一项积极的活动，正是因为这份积极性，才会帮助你最终取得好的结果。如果你只是一直被动接受，那么才能之花将会凋零。

电视是让我们变成被动接受状态的罪魁祸首。你在看电视的时候，完全不需要做出任何反应，只是一味地坐在电视机前，等待信息灌入大脑即可。

"我们提供你所寻求的一切，在这个广告之后……"

阅读书籍也是如此，如果一直像这样持续呈被动接受状态的话，才能根本无法得到施展。

不论是阅读什么书籍，请保持积极的态度。你越积极，阅读文章时就越能顺畅、轻松地达成目标。

一个优秀的读者会带着明确的阅读目的，根据读到的内容不断地向作者提出问题，把注意力集中在达成目标上。积极阅读的必要条件是集中，而集中状态无法靠"训练"取得，要"习惯成自然"。

请再回想一下，阅读是为了创造出对自己有价值的东西而"自发进行的一种行为"。其目的无论是为了获取信息，还是为了评价不同的观点，又或是仅仅想放松娱乐一下，都不要忘记你的阅读是

"出于自己的意志所选择的"。而正因为你认识到这一点，这份自觉最终才取得决定性的效果，引领你达到目的。当你有意识地进行选择，自发地开始阅读，你的大脑就会自动发挥你的无限潜能。

写到这里，我不禁想起了加速学习的创始者乔治·洛扎诺夫博士。他当初开发这种学习方法的目的，是为了让教室中的学生不再对学习充满恐惧，提高"暗示学习的能力"——即在无意识层面获取信息的能力。然而，随着时间的流逝，他的想法也发生了改变，最终目标变成了"让学习者能够拥有更多的选择"。

这正是我最想告诉大家的，关于阅读的根本道理。

我写这本书的最终目的，是想通过这本书为阅读这个行为提供新的模板。当你想要阅读书籍时，不再需要从开头一字一句慢慢阅读，而是有了更多选择，可以灵活使用。

请把影像阅读·全脑思维系统当成你的伙伴，用更加积极的态度，抱着目的意识，成为更高水平的阅读家吧！

你的阅读能力终于得以飞跃提升了，做出选择的正是你本人。

迅速而有效地阅读，超越现在禁锢你的极限，在更高层面上去理解。

更重要的是，发挥潜藏在你大脑中的所有才能，体会那种实现个人目标或工作目标之后心中涌起的喜悦。

你马上就可以拥有这一切！

全新剧本，结语

还记得我在第2章向你介绍过的情景吗？你当时面对着两个选项。让我们来回想一下它们的内容吧！现在你已经拥有了实现它们的能力。让我们来想象一下你今后的生活吧！

你每天都能在非常充裕的时间和心态下不慌不忙地开始工作。这是因为你掌握了做出决断时所需要的信息，因此你在阅读时能够保持自己的节奏和放松的心情。你提出的方案都有着明确且强有力的论据作为支撑。

于是，你很快就会被公司录取，在客户中也广受好评，促成了许多收益可观的合约。

阅读具有一定专业性的报告书，原来是一项非常花时间的工作。但是现在，你只需要花几分钟的时间就能够轻轻松松地读完一份资料。在一天工作结束时，你的桌面还是非常整洁的，明天的工作已经准备就绪。在这样轻松的氛围中，你踏上了回家的路。

在日常生活中也是一样，还未来得及阅读的书、杂志、报纸、信件等散乱在客厅里的状态已经成为过去，每天只需10～15分钟就能够将当天的新闻输入大脑。只要稍事小坐，那堆书山转眼就会消失。在余下的时间里，你可以有条不紊地着手"自己应该做的事"。

多亏了阅读速度的提升，你才能够去挑战新的事物。参加课程学习、拿到学位、升职、掌握新的技术知识、满足自己的好奇心。不勉强自己，学习会变得越来越轻松。如今，你能够有时间享受小说、杂志等跟工作毫不相关的阅读带来的乐趣。当然，你有更多的时间做自己喜欢的事和玩耍。

以上就是你学会影像阅读法后全新的人生剧本。这是多么美好的一天！请关注你自己能创造的无限的可能性，然后品味它带给你的至高幸福吧！这马上就要变成现实了。

现在，你下定决心要做的事情是什么呢？为了让这份假设成真，从现在起，24个小时之内你应该做些什么呢？

快让我们马上迈出这开天辟地的第一步吧！

下面，我引用一下彼得·圣吉（Peter M. Senge）所著的《第五项修炼》（*The Fifth Discipline*）中的一句名言吧！

幼儿的学习过程，为我们所面对的学习挑战提供了很好的比喻：要不断放开和拓展我们的意识，提高我们的理解力；要越来越多地看到，我们的行为和我们的现实之间的相互依赖关系；要越来越多地看到，我们和周围世界的联系。

也许，我们永远不能完全了解我们影响自己现实的各种方式，但是，只要对这种可能性保持开放的心态，就足以帮助我们解放思想。

围绕着我们的环境在不断变化，放眼我们的整个人生，我们自身或许也在不断地变化。影像阅读法将会成为促进我们成长，使我们可以灵活应对变化的强大力量，还有助于我们释放思想，拥有高水平的意识。我衷心地祝愿读者通过掌握影像阅读·全脑思维系统，不论是在学校、职场、国内社会、国际社会，甚至是地球范围内，都能够成为一位灵活应对任何变化的成功人士。

活用影像阅读法以后，你甚至可以把这无时无刻不在发生的变化变成自己的伙伴。依靠自己做出的决定，追求更加积极的角色。让我们现在就开始实践影像阅读·全脑思维系统的各个步骤吧！

你所选择的每一个行动，都将为你开拓成功之路！

影像阅读法：令人惊异的成功实例三

某个高科技公司的VR（虚拟现实）技术部部长，用影像阅读法阅读了大量该行业的专业文献。之后，他发表了数篇论文，在各地举办的专业会议上也发表了多次演讲。他的业绩即使是在专家之间也广受好评。

某位女明星分享她的亲身体验：如果先对剧本进行影像翻阅，会使她更容易背诵剧本，并且还有助于她更深入地了解这个角色。

某一位大学教授为了取得博士学位，在寻找对自己的议题有帮助的学术论文时，强调影像阅读法起到了很大的作用。因为影像阅读法，他大大地减少了在那些无关联性的论文上所花费的时间，并将节省下来的时间，用来阅读对自己的议题真正有益的论文。

14年来，一直身为家庭主妇的母亲，为了能在职场找到一份工作，开始学习影像阅读法。一开始，她觉得自己根本看不到什么

"悬页"，一度怀疑自己的能力。然而，在经过最初的30天努力、对100册书进行影像翻阅——甚至还没有进行激活——之后，她就已经感受到了影像阅读法的威力。在那之后，她又用影像阅读法阅读了很多关于怎样找工作和怎样写简历的书，最终获得了管理部门的助理职位。

此后，她又运用影像阅读法阅读了数据库编程方面的书籍，马上就升职成为临床监察员。接下来，她还对人才管理方面的书进行了影像翻阅，不久就被提升为项目的临时负责人。然后，她开始对项目管理、团队建设，以及自己公司的技术领域的相关书籍产生兴趣，尝试对它们也进行影像翻阅。最终，她成为对公司而言非常重要的一员大将，至今仍在继续运用影像阅读法，并活跃在公司宽广的舞台上。

她说："我成功的原因20%归结为幸运，但剩下的80%都要归功于影像阅读法。托它的福，我的工资在眨眼之间就变成了以前的两倍。"

一位社长为了让自己公司的业务取得成功，运用影像阅读法在60分钟的时间内就读完了4本书。

"不管遇到什么样的难题，使用同主题阅读法就可以帮我跨越一切障碍！"

某位注册会计师为了保持会计师资格，参加了一次持续教育研讨会。

她提早到达了会场，在讲座开始前对收到的资料进行了影像翻阅。她进入"摄像焦点"状态，安静且迅速地翻页。随着讲座的不断深入，即便是那些不熟悉的领域，她也感到比以往更容易理解了。现在回想起来，她认为自己之所以能迅速理解讲义内容，应该归功于在讲座开始之前就对会务组发给自己的资料进行了影像翻阅。

一位编辑反复对同义词词典进行影像翻阅后，上司表扬他在文章编写速度及条理性方面有了很大的进步。

一位企业干部因为每天仅用三分钟时间就能处理好他的电子邮件，所以他从来没有遇到过工作堆积、停滞的状况。

影像阅读法：日本的成功案例

一位小学教师在掌握影像阅读法之前，每检查一个学生的笔记都需要花费15分钟的时间。但现在，批改全班35名同学的作业笔记并返还给学生仅用不到7分钟即可完成。首先，对正确的答案进行影像翻阅，在理解了正确答案之后再去进行打分。对每一页家庭作业，大概都会打6～10个勾，并修改2～3处错误。他对帮助自己按这样的方法和顺序批改作业的影像阅读法所带来的神奇效果感到非常惊异。

一位从事法律方面的工作以及编纂法律条文的公务员，想要提升自己的工作技能，并且为了跳槽想要考取某个资格证书，他选择了购买这本书（旧版）。他以前就开始学习法律，当时因为年龄的关系，他采用以往的学习方法，感到自己已达到极限。而恰巧公司内也针对45岁以上的人员开始推行提前退休的制度。被这种必要性所驱使，他一心决定学习影像阅读·全脑思维系统以取得稳固的技能。结果他一次就通过了法律研究生院的入学考试，现在也依旧朝着律师的目标努力学习着。

在读了本书（旧版）之后自谋职业、成了心理咨询师的一位男性，两年后参加了影像阅读法讲座，仅用三年时间，他就在著名出版社出版了两本书。他说自己因为有幸遇到了影像阅读法，感受到自己一直"处于人生巅峰状态"。

一位男性职员，曾经有幸被公司选派去留学考MBA（工商管理硕士）。但事与愿违，他的考试准备得不顺利，考试成绩也不理想，在预备班学习时也没能取得良好的成绩。就在这样一种令人沮丧的情况下，他听从家人推荐，购买了本书（旧版）。最初他还是半信半疑，但当他翻开其中一页，恰好看见本书的监督修订者神田昌典也曾经留学，读过MBA，马上就对本书产生了很大兴趣，奋发学习。他上网看到了许多影像阅读者的实际心声，感到影像阅读法确实"名副其实"。于是，他开始活用影像阅读·全脑思维系统，准备迎战MBA考试。参加讲座3个月之后，他的托业考试（TOEIC）成绩提高了50%，在经企管理研究生入学考试（GMAT）中成绩提高了60%。半年后，他在欧洲和美国都一举获得了MBA入学资格。

一位服装经营者，运用影像阅读法阅读了许多人事、法律、资金筹集、会计学等方面的相关书籍，然后运用所学到的知识进一步活用影像阅读·全脑思维系统。之后，他公司的经营利润与前年相比整整增加了5倍，还新开了20家店铺。他说在自己的脑海中，影像阅读过的书籍会潜意识地自动分门别类进行整理，连成思维导图。

某一位临近退休的商业人士，以往一年也不过能读两三本书，但在学习影像阅读·全脑思维系统之后，他一个月之内阅读的书超过了10本。接下来，他为了考取某个资格证书，将两本参考书用思维导图的形式在笔记中进行归纳和总结，再对笔记进行影像翻阅。结果仅仅用了3个月的时间，他就一次性通过了合格率只有16%的"信息系统安全管理员"考试。在这之后，他决定去挑战某个大学的入学考试，准备时间虽然只有一个月，却仍轻松过关。

某一位男士在听了影像阅读法讲座之后，为了在亲属突然介绍他参加的国家考试中挑战一下自己的实力，他反复运用影像阅读法阅读了仅仅一本参考书，结果不到一个月时间就过关了。在同一时期，他还准备参加合格率只有40%的超难资格考试，并不停运用影像阅读法。结果，虽然只有一周的准备时间，却稳稳地取得了合格证书。他认为自己成功的秘诀，是在最初准备考试时从影像阅读法中获得了极大的自信，即使他觉得时间不够用，还是坚信影像阅读法能带领自己走向成功。

复习指南

影像阅读·全脑思维系统的每个步骤

正像本书不断向你重复、强调的一样，影像阅读·全脑思维系统并不是一种"练习"系统，而是一种"实际运用"的系统。

为了使你从本书中学到的知识更加牢固地扎根于你的大脑，首先请选择一本你想要读的书，实践一下影像阅读·全脑思维系统的每个步骤。你越早付诸实践就会越有效果。是马上开始行动还是在三天之内开始行动，请现在就决定吧！

我为你总结了每个步骤，如你需要复习的话可以进行参考。

图5 思维导图的图例

步骤一　准备

- 明确阅读目的。
- 进入理想的心理状态，保持放松状态，使自己的感官变得敏锐。

步骤二　预习

- 了解概况。
- 评价此书是否符合阅读目的。
- 决定是否阅读。

步骤三　影像翻阅

- 准备进行影像翻阅。
- 进入快速学习模式。
- 进行开始时的自我肯定，确信"我能做到"，在心中默念阅读这本书的目的。
- 进入"摄像焦点"状态，用橘子集中法使意识安定下来，看到悬页。

- 保持稳定的状态，一边默念，一边有节奏地进行翻页，进行缓慢的深呼吸。
- 带着成就感结束影像翻阅的整个过程。进行结束时的自我肯定：我已经从书中获得了足够的信息，一定能达到阅读目的。

步骤四　复习

- 调查整本书，重新翻阅目录，也可以快速浏览最初和最后的段落，或者看看索引。
- 每翻10～15页，就找出令你感兴趣的触发词。
- 针对自己有兴趣或者想要了解的信息提出一些问题。

步骤五　激活

- 进入生产性休息。短至数分钟，长至一整晚，彻底放下影像翻阅过的书籍。
- 重审复习步骤中自己提出的问题。这将会刺激你的大脑，使其开始自动地检索通过影像翻阅所获取的内容，告诉你接下来应该读的部分。
- 用"超读"去阅读那些让你在意的部分。将视线集中于每行的正中间，然后快速地下滑移动至段落末尾，将文章以大块整段形式录入到意识中去。进入集中学习模式，灵敏地感知视野范围内的任何一个微小的信号。

• 快速地用"摘读"阅读那些让你产生灵感的部分，寻找自己提出的问题的答案。

• 跳读可以和"超读＋摘读"组合使用，也可以单独使用。先阅读段落的主题句，再从之后阅读的内容中挑选出一些可辅助说明主题的词汇或语句，你需要不规则地跳跃、移动视线，以理解书本内容，接着阅读最后的文章。

• 将文章的要点归纳绘制成思维导图，使其视觉化。

• 利用高速阅读，以放松的心态从头到尾通读一遍，时间可以自行调整。根据文章的重要程度或者难易程度，你还可以调节自己的阅读速度。

• 活用团队讨论和你的梦境等，利用你的多维智能。除此之外，你还可以去探究更多丰富多彩的激活方法。

同主题阅读法

1. 明确阅读目的

同主题阅读法要求使用你的全脑，在开始阶段，需要你设定一个对自己有价值的目标。

2. 列出一个文献目录

文献目录就是要求你列出一个想要阅读的书本清单。通过"预习"步骤，来判断这本书是否与自己的阅读目的相吻合。

3. 对所有的书在激活前24小时内进行影像翻阅

大脑为了关联各项信息，需要有一段生产性的休息时间。

4. 绘制同主题思维导图

准备一张纸和多支彩笔，把读过的书画成同主题导图。在这之后的步骤中，要始终在这张同主题导图上做笔记。

5. 寻找有关联的部分

对翻阅过的每一本书，都要进行"超读＋摘读"和跳读，找出这些书和自己阅读目的有关联的部分。

6. 用自己的语言进行归纳整理

观察整张同主题思维导图，用自己的语言再一次归纳、总结对主题进行思考后的结果。

7. 找到作者的主要论点

对于不同作者的见解要找到相同点和不同点。这些作者所关心的主题究竟是什么？将这些主题记下来。

8. 定义问题

不同的作者对某一个论点有不同的看法，那个不同部分就是主要论点。请仔细理解论点，加深自己对主题的见解。使用"超读 + 摘读"对与论点相关的重要部分进行阅读。

9. 归纳自己的见解

在你尝试把握多位作者的论点的过程中，你也会形成自己独到的见解。诀窍就是一开始从多方面、多角度进行理解，而自己持中立的态度。在充分搜集到信息之后，再尝试构建自己独到的立场。

10. 活用

根据自己的阅读目的，灵活应用获取的信息。

致谢

"影像阅读法"从研发至今，已经历经了29年。

而这项研究尚未结束。在你阅读本书的此时此刻，仍有很多人为了让影像阅读法不断地发展和完善而投入全部的心力。所以我要把这本书献给这些为影像阅读法默默付出的人。

衷心感谢影像阅读法的导师神田昌典、石森久惠、山口佐贵子等人，谢谢你们长期以来的热忱奉献，将影像阅读法转变成更高效的指导和应用实践，这对速读法的不断进步起到了极大的推动作用。同时要特别感谢行动派社群将PhotoReading阅读法引入中国，让数以万计的青年有机会接触并学习一种全新的阅读方法。

另外，我也要感谢那些学习过PhotoReading阅读法的学员们，他们的洞察力以及社会成就是影像阅读法得以发展的原动力。

最后，我也要向各位读者致谢。你们每个人都具有达成一切目标的潜力。掌握PhotoReading阅读法，突破人生的界限，梦想就会实现！

在此静候各位佳音。

保罗·席列

（Paul R. Scheele, Ph.D.）

附录

专为影像阅读法的初学者设计的问答篇

你从书本中学习了影像阅读法，是否就此心满意足了呢？还是说，你想进一步学以致用？

如果你想把影像阅读法的各项技巧应用到日常生活中，并收到实际效果，那么仅仅记住各个步骤的做法还远远不够，请你自己在实际生活中开发这一方法的潜能，并熟练运用吧！

当你认真去对待影像阅读法时，肯定会出现一些疑问。

出现最多的疑问便是："我的做法对吗？"如果出现这种情况，请再次仔细阅读本书各章节的说明。这本书中所写的所有内容，都是数十万计的前人不断重复过、改善过后所得的优秀结晶。所以，如果你对自己的做法存有疑问，请重新阅读一遍本书的内容，跟随说明认真予以实践。

影像阅读·全脑思维系统的每个步骤，并非一定要整套组合使用才有效果。反而可以这样理解，每一步的每一个技巧，都可以单独成为一种精妙的阅读法。比如，在写工作报告时，如果能使用"预习"的技巧，那么只需要用2~3分钟的时间，你就能看清报告的整体结构、写作方法和主要论点，进而判断这篇报告是否有必要花费时间去详细阅读。如果你使用了各个步骤的技巧，却没有收到任何效果，那么一定存在一些你没有发现的原因。

　　根据影像阅读法的教学经验，我得出一个结论，即使听到同样的内容，人们也会产生不同的思考，采取不同的行动。如果你的确完完全全地按照本书所教授的方法进行实践，那么，即使你还没有达到最终目的，只要方向对了，感觉会告诉你继续前行就可以了。无论是多么微小的暗示，你都要灵敏地接收，去感知自己处于什么阶段，也会越来越充满自信。

　　如果你忠实地按照本书的方法实践却没有取得预期的成效，可能你的方法中出了一些细微差错。接下来，我将向你介绍在实践影像阅读·全脑思维系统时必须留意的事项。请参考这些建议，重整自信，向着成功大步迈进吧！

"如何才能快速掌握影像阅读法呢？"

　　我们15岁左右时所达到的词汇量已足够让我们在看到文字时，即使不转化为声音，也能瞬间理解文字所表达的意思。我们可以从各个单词的造型模式读懂作者的意图。即便如此，你是否还有在心中默读的习惯呢？

　　旧有的阅读法对我们来说，就好像一直骑着装了两个辅助轮的自行车缓缓前行；而影像阅读法的体验就仿佛拆除了辅助轮，并把自行车换成了飞速的火箭呼啸而过。

　　学习一种新的方法需要我们和长年养成的旧习惯对抗。旧习惯并不是那么容易就摆脱的，请保持轻松的心态，耐心地与它做斗争吧！学习的过程，有时候会给你带来挫败感，特别是"小魔怪"会悄悄光临你……

我所说的"小魔怪"，是指自己内心深处的旧习惯，或是觉得自己"做不到"的负面想法。我们会全身充斥着负面情绪，因此学习也会受到阻碍。理查德·卡森（Richard Carson）的著作中把它描述为一种担忧多虑的小生物。

我们应当如何与这样的"小魔怪"相处呢？

根据理查德·卡森所见，如果你非要消灭它，它反而变得更巨大。所以，你不如掌握与它相处的技巧，用一种疼爱的心情去呵护它，它自然会消失不见。

为了和它好好相处，我向你介绍一套称为NOPS的方法，以下就是这种方法的4个步骤了。

N（Notice）——觉察自己的情绪

请不要对自己的情绪加以论断，给它们贴上"正确"的或"错误"的标签，只要察觉到就可以。

O（Own）——静下心来，接受自己当下的体验

当你感到沮丧或挫败时，请不要立即将它抹杀，而是承认自己有这种感受。如果问题变得明朗透彻，解决的方法将自然而然地出现在你眼前。但是，如果你只是尝试着掩盖问题，那么问题将永远不会得到彻底解决。

在学习过程中遭受挫折时，请马上想象一些愉快的事情，或回忆一些开心的经历。有句格言叫作"一口吃不成胖子"。所以，在遇到挫折之后，请不要气馁，再尝试一次吧！

P（Play）——用放松的心态和玩乐的心情对待自己当下的体验

不如让自己彻底感受一次特技飞行般的急速下降，就好像我在飞机操纵模拟训练中感受到的惊恐一样。请你去寻找使你陷入混乱的原因，向自己发问。可能你在最初会陷入更大的混乱，但是请不要忘记，其实学习掌握一件事的过程中，混乱也是不可或缺的步骤，请你回到孩童的那种纯真心态，去享受这个过程吧！

S（Stay）——维持状态

当你感到挫折时，很多人会觉得这种情绪是不得不放弃的暗示。请你换一种思维，把它想象成一种指引你"缓缓前行"的信号，相信一定会使你产生一些变化！

如果你一直用心做到NOPS这套方法，那么影像阅读·全脑思维系统也会渐渐被你掌握。回想起你在孩提时代蹒跚学步时的场景吧！就算跌倒了，也没必要进行强烈的自我反省，更不会有人把你当成傻瓜，只需要重新站起来，稍微改变自己的方法，再接再厉地进行挑战就可以了。使用NOPS方法后，你会成为自己最棒的啦啦队，在短时间内就能掌握新的技巧。

"有没有什么方法，能够确定自己已经完全做到了影像翻阅呢？"

在讲到要掌握第三个步骤"影像翻阅"的时候，必须采取一些与以往不同的方法对自己的学习程度进行检测。而在这一步骤中，最重要的是尽量抑制你的意识，使其不要从中作梗。照这样看，当你在影像翻阅时不知不觉间开始思考"我做得对不对？好不好？"时，就为时已晚了。一旦当你有了这样的念头，就已经"做得不正确"了。

这就好比去问一个正在熟睡的人"你现在睡着了吗"，是相同的悖论。如果你非要这样向自己提问，那么就算你好不容易沉浸其中，思绪也会突然被打扰，从沉浸状态一下子回到现实。这不仅会使你的学习行为一下子停下来，还会对行为的结果造成不好的影响。

在学习大脑的活用方法的时候，普通的学习模式是不合适的。在进行实验时，也同样如此。如果实验者自己是被研究的对象，那么往往无法得到正确结果。在学习时，大脑会经常受到自己的学习行为的结果的影响。也就是说，当你在学习影像翻阅时，如果非要向自己提问"我现在做得是否正确"，那么大脑会立刻受到影响，真的变得无法"正确"运行了。在进行影像翻阅的时候，请你专注于翻页和吸收信息的行为，只有这样，才不会受到表意识和批判性思考的干扰，阻碍你的学习。

在实施影像翻阅的过程中，请你保持这种状态，沉浸其中。如果在结束后需要回顾，再请问自己以下问题：

- 刚才，是否在精神方面和身体方面都放松下来，成功地进入了快速学习模式呢？
- 在进行自我肯定时，是否集中注意力，明确地对自己宣读了阅读目的呢？
- 有没有一边放松，一边调整呼吸，有节奏、有规律地翻页，在心中不断重复积极向上的话语呢？有没有始终保持稳定的状态呢？
- 有没有全程保持"摄像焦点"？是否看到了悬页？或在周边视野中看到了每页的4个边角和行间的留白？
- 结束后，有没有进行自我肯定？

如果你对于这些提问的回答全都是"是的"，那么说明，你在实践影像翻阅时已经做得非常完美。

如果你还是想要一个更加确切的证据，那么请你在完成影像翻阅的步骤之后，对自己进行一个小小的测验。不论是自己对自己的诊断，还是让他人帮助自己，都没有问题。如果你希望自我诊断，可以参照本书中提到的世界各地的成功事例。看看你是否也能完成他们的事迹？如果你请别人帮助你进行测验，方法已经写在第7章中。请参考第7章的内容进行实践，切实感受一下自己是否成功地掌握了影像阅读法吧!

在开始学习影像阅读·全脑思维系统的时候,建议你先找一个能够达成的小目标,这会有助于你建立自信。当你积累了信心,再逐步扩大目标,一步一个脚印走下去。

接下来,我将为你介绍影像阅读法的实际示范场景,这曾在电视台播放过。你也可以模仿这个方法进行尝试,或如果你觉得这个方法有些难度,那么就从自己触手能及的地方开始吧!

德国有个节目曾专题介绍过影像阅读·全脑思维系统,有一位影像阅读者被要求在节目中实际示范影像阅读法。于是,在采访者、节目制作团队以及摄像机的严格监控下,这位影像阅读者从被选定的书中选出一本,然后进行了"准备""预习""影像翻阅""提出问题"这4个步骤,第二天继续运用"超读 + 摘读"以及"思维导图"的步骤进行了激活。整个过程的时间总共也不超过45分钟,接下来,她又在摄像机的镜头前,回答了他人就书的内容提出的问题。最后经验证,她的回答全部正确。

在此后于慕尼黑举行的影像阅读法讲座中,我将这位影像阅读者请到了现场。在播放了5分钟这个节目的录像后,我请这位姑娘在其他参加者面前讲述自己的体验。而她是这样讲述的:"我以前从来不相信这种事情竟然真的能发生。但是,自从我遇见影像阅读法后,我觉得自己必须做一个重要的决定。到底是坚信这种事情不可能是真的,然后浑浑噩噩地度过接下来的人生;还是勇于挑战,凭自己的能力查明真相呢。"

但是，即使在听了她的讲述之后，一位男性参加者却仍坚持己见。

"这根本就没法令人相信，我才不信自己能做到呢！"

十分遗憾，如果他还是坚信自己做不到，那他应该是没法做到了。

"任何人都能掌握影像阅读法吗？"

我们在无数个国家，用无数种不同的语言，向无数讲座参加者教授过影像阅读法。他们的年龄在9岁到93岁，他们的阅读能力、性格、职业也是五花八门。而他们学习成功的秘诀只有一个，那就是做好了"学习者的思想准备"。

所谓"学习者的思想准备"的理想状态就是，你要非常认真地对待学习这件事，养成坚韧不拔的品质和忍耐力。换句话说，就是"不忘初心"。如果你能一直不忘初心，那么也一定能快速学会新型的阅读模式。

学习影像阅读法的过程中最大的陷阱，就是人们都认为自己知道如何阅读。我们以前的习惯会让我们对自己的阅读能力和理解水平产生误解。要真正学会影像阅读法，首先，你必须抛弃对自己的错误认识。

这种崭新的阅读模式会让我们对于阅读的所有期待成为现实，把我们从书面信息的暴风雨中，从步步紧逼的截止日期中拯救出来。

很多影像阅读法的初学者都会这样说："这简直就是在重新定义'阅读'本身！"

如果你能一直不忘初心，就不会墨守成规，而是灵活地不断尝试新的方法，寻求改变。这种方式正好与禅宗思想不谋而合。在此，请允许我借用一下禅师铃木俊隆（20世纪中叶曹洞宗的僧侣，将禅宗思想传播到美国）的话吧："初心所在处，就有诸多可能。太熟练于某项技巧，反而减少了它的可能性。"

接下来他还这样说道："勿忘初心，忘记你已经拥有了的事实，忘记你已经懂得这件事。只有这样，才有可能不断变化。诸行无常，一切事物都不过是镜花水月，变迁不止。"

现代社会变化激烈，很多事情掩盖在一片混沌之中，这就更要求我们永远保持初心，不然根本无法适应世事变迁。影像阅读法之所以要求你忘记从孩提时代就一直被灌输的旧式阅读法，也正是出于这一原理。

在这里，我们并非要求你，为了学习掌握影像阅读法，就一定要去学习禅宗思想。举禅宗思想的例子，只是想让你既要掌握方法成为娴熟的使用者，但又不认为它理所当然，要一直对这种做法抱有怀疑态度。这两点对于影像阅读法的学习而言，也是非常重要的。"有意识"是一种合理的精神，是设定目标时所必需的能力；而你还没有完全开发的"无意识"，也会帮你创意性地开辟一条通向目标的全新道路。

学习掌握影像阅读法，就是要在维持以往阅读技巧的基础上，不断获取新的选项，它不仅能和文字信息建立新的关系，而且能让你在面对这个日新月异的世界时，具备及时调整、应变的强大力量。虽然各位已经成年，请务必不忘初心，再次发掘持续学习的乐趣吧！

"想要掌握影像阅读法的所有步骤，到底需要多久？"

我既会骑自行车，也会开飞机。骑自行车和开飞机的原理有相同之处，也有不同之处。

当你学习影像阅读法时，你一定会发现，影像阅读法也和旧式阅读法有着相同之处和不同之处。你不需要花什么时间去学习那些已经了解的技能以及相同的部分，但是，那些和旧式阅读法相去甚远的部分，则需要花很多时间去掌握。

想要学习一个完全崭新的概念，必须经过4个阶段。总共花费的时间要看每一个阶段需要的时间。接下来，我将这4个阶段，一一对应影像阅读法的各个阶段，来进行详细说明。

在第一阶段，你会看到无数处理不完的未读文件，感到无比不安。并且此时，你根本无法意识到问题的根本原因，更别提寻找解决方法了。也就是说，你现在的状态是，已经感受到自己有所欠缺，却不知道该如何去改善。

在这个阶段，你会有一种复杂的心情，感觉不安和想要解决问题的期待感夹杂在一起。我们称这个阶段的状况为"不知道自己没有能力"。

在第二阶段，你会意识到现在的阅读法有一些问题。而这种旧式阅读法，正是不安的根本所在。然后，你知道了影像阅读法，尝试去接触它，接触一个崭新的、完全不同的方法。在这个阶段，你已经知道自己欠缺什么，并且清楚地知道需要去做什么，但是还不具备将其付诸实践的能力。我们将这个阶段的状况称为"知道自己没有能力"。

在第三阶段，你将会完成一次巨大的飞跃。你已经尝试了影像阅读法，也有了成功的体验。但是，在这个阶段，你还没有完全掌握它的技巧，不得不有意识地去运用影像阅读法。这个阶段的状况我们称为"知道自己有能力"。

在第四阶段，你已经步入了高手行列，影像阅读法已经融为你身体的一部分，不经意间也能自如地运用每一个不同的技巧，就好像呼吸一般自然。

你不仅可以和文字信息建立新的关系，同时还能提升人生的品质。堆积如山的未读文献数量慢慢减少直到消失，每次阅读都能达到自己的目的，这种状态我们称为"卓越"。

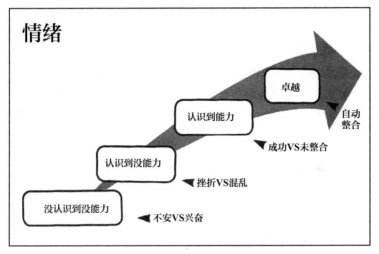

图6　学习新概念必经的四个阶段

学习是指在每一个阶段都清晰地认识到自己还不具备某些能力的事实。"无知之知"是指"知道自己不具备、欠缺某项重要的能力"。这种察觉的过程会伴随着很多情绪，比如，混乱、挫败、害怕和不安等。

在此，我能提供的建议只有一个：去接纳这些情绪吧！在学习影像阅读法的过程之中，即使这些情绪纷纷涌上心头，也请你全然接受它们。你所感觉的情绪都发于自然，也是你到达目的地必经的重要步骤。从"混乱"中才能萌发出好奇心，从"混沌"中才能显现出真实。

我非常喜欢在影像阅读法的授课过程中观察参加者的情绪变化。如果发现谁正在陷入"混乱"，我就会上前鼓励他；而如果又有谁正在经受挫折，我会把他引向"混乱"状态。之所以要这样，是因为"混乱"状态听起来像是一种糟糕的状态，然而它却是学习过程中不可或缺的步骤。不经历"混乱"，就不可能到达我们的最终目标——"卓越状态"。"混乱"其实就是人们真正开始认真学习的一个信号。

相对而言，如果解决问题时不能舍弃老办法、旧想法，就会四处碰壁，仿佛陷于泥潭，无计可施并最终放弃。

这两条不同的道路可以用下图来说明。

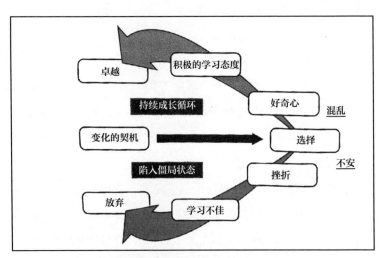

图7　解决问题的两条不同路径

令人遗憾的是，很多时候教育都会让我们感到沮丧，不断地误导我们退步。在旧式阅读法中，"混乱"就意味着失败，而"沮丧"也通常意味着无能。因此我们很少能感受到读书的喜悦，甚至放弃学习。

在学习影像阅读法的过程中，你体会到的任何感觉都有其意义。请不要勉强自己，去压抑这种情感或者"混乱"状态。另外，有时你会突然想和他人比较："明明别人都可以做到，为什么我就用不好影像阅读法呢？为什么我做不到呢？"

如果萌生了这样的情绪，请不要把它封存，而是去仔细倾听自己的心声，接收这些情绪，才能让它们得以消散。请把它们当作是一种"进化"的信号，只有通过"进化"，你才能成功迈向"知道自己有能力"这个阶段！

如果你的阅读能力有所提高，你对自身的评价也会随之上升。自我评价一般都根据学习成果来判断，而学习能力一般又被阅读能力所左右。在我的经验中，自认为阅读能力低下的人，常常把自己当作一个差生，这种挫败感会瞬间降低他对自己的评价。

请大家把在学习过程中感受到的情绪起伏当作一个非常自然的现象吧，就像你要开始跳一支优雅的舞蹈时会涌出一些感觉一样。这样，你才能缩短到达"卓越"状态的路程。

"在使用影像阅读·全脑思维系统时，心灵应该保持什么状态？"

请回想一下自己完全沉浸在阅读中的情形吧！那时，你完全不需要做任何努力，就可以达到适合阅读的最佳心境。

在你阅读小说或满怀期待地打开一封情书，又或者急于知道推理小说的谜底时，你会处于一种什么样的心理状态呢？

恐怕你会沉醉其中，根本感受不到周围发生的任何事吧！当你完全进入了文章中的世界，你甚至会忘记它是一本书；你所阅读的并不是单纯的文字，而是在不断品味书中构建的世界。书中的风景会不断地映入你的脑海，让你可以感受到那些风景和登场人物的存在。完全沉醉于小说的瞬间，由书中映射到你眼睛中的那一片世界，会比你眼前的现实世界还要重要。

据我所知，所有人都会把这种状态形容为：

"我完全忘记了时间的流逝，甚至不知道自己身处何处。"

"我甚至忘记自己在读书。"

"就好像在观看一部电影。"

"文章会跳入我脑海中。"

"文章自然而然地流入脑海。"

这就是文章的"顺流"状态了，想必这个说法一定是最为贴切的。它完美地抓住了这种状态的最大特征：简单、流动、无须努力、沉浸其中、专注、柔和、放松、有效并且有建设性。

这样的状态与你平时有意识阅读时的状态大不相同。但是，这又绝对不是一种异常状态。不仅如此，古往今来有很多学者都经历过这种"顺流"状态，并且将它们记录在各种书籍文献中。

老子在《道德经》中，也提过一个概念——不需要任何努力，也就是所谓的"无为"。《道德经》的著名翻译家史蒂芬·米歇尔

（Steven Michelle）就曾经这样说明"顺流"状态："最伟大的运动员在无意识中身体自行运动，这就是'无为'。这种状态是最纯粹、最有效的状态。游戏本身自行游戏；诗歌本身创作诗歌；又或者说，你无法将舞者从舞蹈状态分离开来。"

不仅如此，心理学家亚伯拉罕·马斯洛（Abraham Maslow）也同样运用"高峰体验"这个概念来说明同样的状态。

芝加哥大学心理学家米哈里·契克森米哈赖（Mihaly Csikszent-mihalyi）通过实践证明，无论是谁，都有可能进入"顺流"状态。他的研究对象包括了社会各行各业的人士，比如公务员、工人、体育运动员、技术人员以及管理人员。他认为，"顺流"状态和催眠状态：冥想状态十分相似。

如果有一个开关，在你读书时只要一按下它，你就能进入"顺流"状态，那该多好啊！也就是注意力集中、顺畅、快速、高效的阅读状态；同时，又是一个轻松而富有活力，并且集中注意力充分发挥的状态。如果你能成功进入这种状态的话，那么即使阅读非常艰深的专业性巨著，也会像读小说一般自由轻松，可以流畅地阅读并理解内容。

影像阅读·全脑思维系统正是这样的一个开关，"顺流"状态其实是我们每个人与生俱来的才能，是人类都具有的潜质。学习影像阅读法，能帮助我们挖掘这个潜能并自由使用。掌握的秘诀，就是在阅读时不断运用，使之习惯成自然。

"加速学习和影像阅读法的共通之处是什么？"

在你的人生旅途之中，其实你已经有过通过加速学习，收获丰硕成果的经验了！那就是学会走路和说话。与这两件事相比，你长大成人后所进行的一切学习，都远不如它们复杂精妙。

这恰恰说明，你在孩童时代曾经是加速学习的高手，然而随着时间流逝，你渐渐地对加速模式产生误解、误用，进而不再使用它，于是这种能力也就随之退化。快让我们唤醒沉睡在你体内的那种伟大才能，把它运用到阅读中！影像阅读·全脑思维系统其实就充分参考了加速模式，包含了很多加速模式的技巧。因此，你在学习此系统的时候，将会发现它十分轻松和有趣。

说到加速学习领域的第一人，非保加利亚心理学家乔治·洛扎诺夫博士莫属。根据乔治·洛扎诺夫博士的研究，我们的大脑的利用率仅为10%，而在此基础上，博士的研究团队正在努力研究剩下的90%该如何开发利用。

洛扎诺夫博士的学习法，是同时启用右脑和左脑，即利用全脑进行学习，这将使你的学习能力得到飞跃性的提升。

洛扎诺夫博士提出，人类可以将大量信息储存、吸收到大脑中，在必要时提取所需信息。这难道不是人类在当今信息爆炸的社会环境中以及文件恐慌的现状中生存下去的重要技巧吗？

如果简单地说明一下乔治·洛扎诺夫博士的学习法，那么此学习法由三个步骤组成，它们分别是：解读、演绎和激活。

解读就是将要学习的内容大致浏览一遍。

演绎就是指保持轻松集中状态，全面接触学习内容。在大多数情况下，教材都使用故事或者剧本的方式编写，还会让你一边听着古典音乐，一边去听教材朗读。

在最后的激活阶段，有意识地认知和提取学习过的内容，加以活用。其方式并不是解答习题，或者要求全部背诵，而是采用普通学校教育中鲜见的团队讨论、游戏以及编演小品等方法推进。

通过上文，你看到加速学习法和影像学习法的共通之处了吗？乔治·洛扎诺夫博士的"解读""演绎"与"激活"，正好与影像学习法中的"预习""影像翻阅""激活"的步骤相吻合。

影像阅读·全脑思维系统包含了乔治·洛扎诺夫博士学习法中的大部分要点。同时，在影像阅读法的讲座中，为了让学员更有效地学习，我们也导入了加速学习法。

"我比较偏向理论性思考，该怎么办呢？"

20世纪80年代初期，哈佛大学心理学家霍华德·加德纳针对乔治·洛扎诺夫博士的研究，提出了进一步深入的新主张。他的主张是："在学校，我们一直锻炼的主要是语言和逻辑（数学）这两种能力。然而，这些只是智能的极少一部分。如果你想要全面了解它，必须要观察、研究八大智能。"

霍华德·加德纳博士认为，共有以下八大智能：

语言智能——用语言高度表达和展现世界的能力。

逻辑数学智能——用数字或者公式去表现世界，根据逻辑来推理和操作的能力。

音乐智能——能够鉴赏并且熟练运用各种音乐语言（旋律节奏、和弦、音色等）的能力。

空间智能——能够正确认识视觉世界，并且能在脑海中以及纸上再现出来的能力。

身体动觉智能——将身体作为自我表达或学习道具的能力。

人际交流智能——能够感知和理解他人的情绪与需求的能力。

内省智能——可以独自反省自己，理解自己的价值观，自发寻找和捕捉成长机会的能力。

自然观察智能——对自然界规律进行认知和分类的能力。

请回想一下，在学习相比他人更优秀的技能、知识时，你主要使用了以上哪些智能呢？其实，你已经具备足够的学习技巧。请重现这些能力，发挥自己的强项。

现在，请你在脑海中想象自己运用八大智能与直觉进行阅读的画面。影像阅读法可以让你梦想成真。阅读时动用八大智能，充分说明了影像阅读法已经超越了阅读法的范畴，晋升为一种极致的学习方法。

"激活是如何引发大脑潜能的呢？"

韦恩·温格（Wayne Wenger）博士认为，潜藏在大脑中的无意识领域的能力，要比有意识领域的能力超出100亿倍。而这种超乎寻常的能力，正是你在激活过程中所需要的能力。

激活最典型的例子，就是你在想要回忆一个人的姓名时，那个名字明明就在嘴边，却怎么也说不出来。

想必你也一定有过这样的体验吧：在派对上看到了一张很熟悉的面孔，但却怎么也想不起这个人的姓名。在你努力想要在脑海中寻找此人姓名的时候，大脑就会飞快地转起来。这是因为，你已经向自己的神经细胞传达了"想知道"的需求。这样的话，即使在这个场合下你无法回想起来，过了几分钟，比如在和其他人说话的时候，这个之前怎么也想不起来的姓名，就会不期而至地浮现。这是因为，脑海中的神经细胞在这时终于连通，再现出记住名字时的神经线路。

激活就是大规模地进行这样的作业。有一位与我相熟的作家，正在实践一种冥想法。冥想是一种进入轻松集中状态的有效方法。他认为，冥想中一定会有最棒的灵感，进而构建出最棒的故事。特别是在思考故事整体和框架结构方面最为有效，他的一大半著作的灵感都是从冥想中获取的。

艺术家们也经常描写自己的这种体验。

美国伟大的作曲家阿隆·科普兰（Aaron Copland）经常这样说

道，他在作曲的时候，只是把浮现在脑海的旋律直接写在纸上。在他的著作《怎样欣赏音乐》（*What to Listen for in Music*）中，有这样一段话："通常，作曲家都是从主题开始着手作曲。主题是什么？是神送给作曲家的礼物。我们本身并不知道这份礼物从何而来，也不能对它进行掌控。当你编写一首完美的曲子时，那种感觉就仿佛被谁操控了一般，是听从了大脑的指挥而写下来的。"

因此，作家们经常随身携带着五线谱出门，为了万一有灵感降临可以马上记录下来。

虽然你可能没必要像伟大的作曲家或作家一样，深层发掘并创造性地发挥自己的潜在能力，但你可以进入轻松集中状态，温柔地向大脑提出要求，让它帮你开发一些独具创意的好点子。

虽然我的说法有点儿深奥，但是请相信，如果你愿意运用影像阅读法的各个步骤，你也一定会有类似上述体验的美好感受。

"如果拼命练习影像阅读法，能达到高手水平吗？"

你也许会感觉到影像阅读法本身存在许多矛盾之处，的确如你所感。比如：

"如果你想要从阅读中获取更多，那么请你尽量缩短阅读时间。"

"想要得到更多信息，请不要过分拘泥于在意识层面的理解。"

"想要成为阅读高手，请你不要太拼命，而是要享受其中。"

"如果你想得到自己想要的东西，就请不要去太注重结果。"

诸如此类，还有很多这样的例子。

有一位参加影像阅读法讲座的学员，完全理解和接受了影像阅读法内涵的种种矛盾。她在学习影像阅读法后的第一个测试中，就展现出了90%的理解度，之后也从未退步。我向她询问其中秘诀，她是这样回答的："不怀疑，去练习就可以了。我告诉自己，如果能顺利收到成效，那当然令人高兴；但如果没有效果，那也没有什么大不了的。我只是让自己集中注意力去体验这种新型阅读法。"

成功学习并掌握了影像阅读法的人们都有和上述学员相同的感受。而那些过于注重结果拼命努力的人，反而遇到了一些意想不到的陷阱。然后，他们就开始强迫自己判断"使用全脑系统阅读"的可行性。这简直就像还没有学好加减法，就想要通过微积分考试一样，更可笑的是他们还就此宣告自己数学学得很差劲儿。

在最初阶段，你不需要完全信任影像阅读法的一切内容，稍有怀疑也无所谓。即便我向你列举出再多的成功事例，如果你本人没有成功的话，那么你不相信也是理所当然的。但是，请你不要武断地判定影像阅读法无效，抱着"如果能用得上最好"的心态，从公平公正的视角出发，来尝试吧！如果我们想要迈向成功，最重要的就是敞开心扉。

我衷心地希望各位能够享受影像阅读法带来的非凡体验。你以游戏的感觉和影像阅读法相处，又或者可以"陷入混乱"，甚至是经常饲养一些"小魔怪"。也许你觉得不可思议，但我想告诉你，如果不执着于一定要成功，那么你的直觉将会开花结果，重启原有的学习能力，获得成功。

"我的理解能力什么时候才能达到理想水平呢？"

影像阅读·全脑思维系统可以帮助你用许多技巧去阅读书籍文献。最初，你需要设定阅读目的，然后大致地浏览一遍。然后根据自己的选择，运用"影像翻阅""复习""超读＋摘读""跳读"以及"高速阅读"中的任意技巧。

理解度不能以0～100的判断来定义，而是要经过多重的累积，最终才能获得更深入的理解。通过"预习"，首先我们可以理解文章的整体结构，在之后的步骤中，我们能够以此为基础，参照自己的阅读目的，达到所需的理解水平。所以，这是一种自由度极高的阅读法。

听了我的这番话，想必有些读者会觉得："这么多步骤，所花的时间不是更多吗？拿到一本书后总想尽快知道里面的内容，等不及做那么多的步骤，再说普通阅读还能读到所有内容。"

如果这样的冲动再次充斥你的脑海，那么你还记得我在"学会饲养小魔怪"的那个部分向你介绍的NOPS方法吗？这个方法也完全可以用来克制你脑海中的这种冲动！你可以一边实践，一边判断它到底是不是真实有效。

让我来给你举一个实际例子吧！某位博士课程的学生参加了影像阅读法的讲座。通常情况下，想要学完博士课程毕业，一般必须阅读2万页的专业书籍进行论文写作，而阅读时间需要6～9个月。他首先花一周的时间，对所有的专业书籍进行了"预习"和"影像翻阅"，然后在第二周进行了激活，并着手准备写论文。他原本期待着自己能够完全理解其中的内容，但是他却惊讶地发现，自己一点儿头绪也没有！他十分生气，愤愤地扔下笔，觉得白白浪费了两周的时间。

又到了下一周，他突然决定再次尝试，于是他回归初心，进行了第二次激活工作。这一次，他发觉自己渐渐能够理解那些文献了，在写论文时，文章就像自动流入脑海一般，灵感源源不断。最终，他的这篇论文获得了A的评分，他也顺利从博士课程毕业。而他总共所花费的时间，也不过是三周而已。

那么，让我们来问一问，第二周的激活真的是白白浪费了吗？还是说，为了得到成果，这段生产性的休息期是必不可少的呢？

让我们再来参考一下其他的影像阅读者的体验吧！

有位影像阅读者认为，他学习影像阅读法后最直观的感想就是："那些多余的步骤不是很浪费时间吗？"他认为，用普通的阅读方法，也足以理解书中意义；或者只要从一开始阅读就进行激活不就行了吗？他无法理解为何需要"预习"和"影像翻阅"这两个步骤。

但是，没过多久他就发现，这些他之前认为毫无必要的步骤，是只投资数分钟时间，就能获得莫大回报的步骤，使你可以只用5分钟就读完一本厚厚的报告，投资了"预习"和"影像翻阅"需要的时间后，可以节约好几个小时的阅读时间，很多以前需要20个小时才能读完的书，现在仅需要两个小时就可以处理。

"我对自己的孩子们说，从开始努力学习，到成绩提升需要一段时间。就算不是立竿见影，也必须不断地投资于学习。去学校并不是为了学习知识，而是要去学习那些学习方法。这样的话，踏入社会之后，我们才能凭着自己的双手，开拓自己的人生。然而，轮到我自己学习影像阅读法的时候，我竟然完全把这些意见和建议抛在脑后了！"

"可以用影像阅读法去阅读英语吗？"

当然！我们完全可以用影像阅读法去阅读英文。不要忘记影像阅读法的发源地是美国！

在日语的文章中，通常都是汉字、平假名和片假名混杂登场，并且表达同一个意思可以有很多不同的词汇，所以文章的表达会丰富多彩。因此，寻找触发词或者用跳读来挑出重要词汇，这几个步骤将会变得比较简单，也更容易发挥影像阅读法的作用。

在用影像阅读法阅读英语的时候，会不如日语那般容易抓住重点词语。因此，为了让你更快地阅读英语，我向你介绍一个叫作"有节奏通读"的方法。

明尼苏达大学的名誉教授，迈克尔·贝内特博士在他的著作《发挥伟大力量的四个方法》中，推荐过这样的一种阅读法：

- 首先明确阅读目的，然后去阅读题目和大小标题。
- 放松双颊，舒缓眼角。让焦点处于放松的聚焦状态，看每一行字的左半部分。
- 一行一行，流畅地移动双眼。
- 去寻找那些具有意义的语言单位。
- 不去阅读文字，而是捕捉概念单位。

虽然是非常简单的方法，但是你可以遮盖住文字的左半部分，来实际检测一下这个方法。我相信你一定会发现自己依旧能读懂其中的意思。

这种阅读方法在实际阅读文字极多的文献，比如书籍、报告等资料时，效果十分显著。

"有节奏地通读整篇文章"这个方法主要应用在"预习"与"复习"阶段。当然，在激活阶段，如果能与摘读、跳读、高速阅读一起组合使用，效果会更加明显。

另外，用影像阅读法阅读英文时，能够跟上"作者的思考列车"，效果会不同凡响。特别是那些学术论文的作者，在大多数情况下他们都已经经过了严格训练，对文章的逻辑结构十分明了。这一部分请参考第7章"跟上作者的'思考列车'"。

请允许我再次总结归纳一下本章的要点：

- 使用NOPS方法可以帮助你抛弃那些有碍学习的错误旧习惯。
- 在实践影像阅读·全脑思维系统之际，一定不要忘记初衷。
- 在学习新事物的时候，会经历4个阶段。
- 混乱也是学习阶段的必经之路。
- 影像阅读·全脑思维系统，其实利用了意识的顺流状态。
- 乔治·洛扎诺夫的加速学习法是影像阅读·全脑思维系统的一个学习典范。
- 在影像阅读·全脑思维系统中，完全活用加德纳博士所提的8大智能，多元并高效地阅读。
- 在进行影像翻阅时，启用的大脑潜能，其能力是意识层面可支配能力的100亿倍。
- 相应的理解程度靠一层一层叠加累积。乍一听有些矛盾，但请你先尝试和运用，这才是最重要的。

影像阅读·全脑思维系统真的会对你大有裨益，请一定将其灵活运用到你的人生中去！

全世界有无数作者对影像阅读法赞不绝口

影像阅读法是对无数优秀阅读法的一个归纳整合。这些阅读法都经过大学的长年研究，并最终得到证实。

作为一种加快阅读速度的方法，影像阅读法无疑是迄今为止最完美的方法。并且，无论对谁而言，这些技巧都令人终身受益！

明尼苏达大学教授 J·迈克尔·贝内特博士

《经理人的高效阅读》（*Efficient Reading for Managers*）一书的作者

在所有提高阅读能力的书中，本书无疑是最棒的。我向你保证，本书作者是真正理解阅读法和学习方法的人。

埃里克·简森

《学习的大脑和超级教学》

（*The Learning Brain and Super Teaching*）一书的作者

使用了影像阅读·全脑思维系统之后，不仅学习效率提高了，每天处理文件的时间也大大缩短。而且，我甚至可以从大量信息之中，瞬间选择出对自己有价值的部分，想读的文章也会自然而然地浮现于脑海。

夏洛特·沃德

节选自《简单的生活》（*Simply Live It Up*）一书

多亏了影像阅读法，包括我在内的好多人，都能以每分钟25000字的速度去处理文件了。

布莱恩·马特摩尔

节选自《成功杂志》（*Success Magazine*）一书

影像阅读法是一种远远超出我的预期的优秀方法，它拥有改变人生的能力！保罗·席列的书将会告诉你怎样去发现新学说，帮助你去开辟新的领域。

彼特·克莱因

《每日天才》（*The Everyday Genius*）一书的作者

影像阅读法简直就是一个百宝箱。里面堆放着无穷无尽的、使人生变得丰富多彩的宝石。在这里，我要充满自信地向你推荐影像阅读法！

戴维·麦克纳利

《连老鹰都需要助推》（*Even Eagles Need a Push*）一书的作者

在所有阅读法之中，影像阅读法是代表人类自然进化而必然迈出的一大步。

韦恩·温格博士

节选自《爱因斯坦要素》（*The Einstein Factor*）一书

影像阅读法实在是太让我震撼了！它所做的就是让人们在无意识的情况下，对自己所需要的知识进行抓拍。也就是说，一眼就把整张页面瞬间摄入脑海！……到了21世纪，也许它会变成超级学者们理所当然的阅读法。

希拉·奥斯特兰德&林·施罗德

节选自《超级学习法》（*Super Learning 2000*）一书

如果你感到自己的阅读速度非常缓慢，那么请一定要去参加影像阅读法的讲座。不仅读书速度会加快，连吸收信息的速度也会迅猛提升。保罗·席列开发的影像阅读法，是我认知范围内最棒的学习工具！

杰克·坎菲尔

《成功法则》（*The Success Principles*）一书的共同作者

影像阅读法创始人：

保罗·R.席列（Paul R. Scheele）

美国学习策略公司的共同创始人之一，影像阅读·全脑思维系统的开发者。1975年开始进行人才开发研究。于美国明尼苏达大学理工学院获得生物学学士学位。美国圣托马斯大学研究生院人文学院取得人类发展方面的硕士学位。其后又在美国安迪亚克大学博士课程中研究领导管理和变革。他是神经语言程序学（NLP）、加速学习的世界级权威。他的教育学说扎根于脑科学，具有深刻造诣，揭示了人类与生俱来的潜在能力，享有盛名。不仅是商界，各行各业都在关注他的一举一动。他曾多次发表演讲并著有《潜在能力能够解决所有问题》（FOREST出版株式会社）一书。

http://www.learningstrategies.com。

影像阅读法亚洲区推广人：

神田昌典（Masanori Kanda）

上智大学外国语学院毕业。大学三年级时通过外交官考试。大学四年级进入外务省（相当于外交部）经济局。纽约大学经济学硕士（MA），宾夕法尼亚大学沃顿商学院工商管理学硕士（MBA）。曾担任美国家电制造商的日本代表，其后成为专业经营顾问。

培养了多个成功企业以及畅销作家，入选综合商业杂志《日本第一的市场营销者》。不仅撰写商业书籍、小说，还自行翻译书籍，制作音乐电视节目，等等，活动领域十分广泛。现任株式会社ALMACREATIONS的社长。主要作品有《非常识的成功法则》《你的公司能在90天之内盈利！》（FOREST出版株式会社）、《60分钟·企业顶尖化项目》《全脑思考》（钻石社）、《成功者的自白》《人生的旋律》（讲谈社）。主要翻译、监译著作有《思维导图》（钻石社）、《高倍速阅读法》（FOREST出版株式会社）等等，累计书籍销量已超200万。

参考文献

Adler, Mortimer J., and Charles Van Doren. *How to Read A Book.* New York: Simon and Schuster, 1972.

Amen, Daniel G. *Change Your Brain, Change Your Life: The Breakthrough Program for Conquering Anxiety, Depression, Obsessiveness, Anger, and Impulsiveness.* NY: Random House, Inc., 1998.

Andrews, Tim. *Where's Your Spotlight? How to enhance learning for others.* Buckinghamshire, England: Stretch Learning, 2004.

Bennett, J. Michael. *Four Powers of Greatness Personal Learning Course.* Minnetonka, MN: Learning Strategies Corporation, 1998.

Barker, Joel. *Future Edge: Discovering the New Paradigms of Success.* New York: William Morrow & Company, Inc., 1992.

Belf, Teri-E, and Charlotte Ward. *Simply Live It UP: Brief Solutions.* Bethesda, MD: Purposeful Press, 1995.

Buzan, Tony. *The Mind Map Book.* New York: Penguin Books, 1996.

Canfield, Jack. *The Success Principles: How To Get From Where You Are to Where You Want To Be.* NY: HarperCollins Publishers, 2005.

Carson, Richard. *Taming Your Gremlin.* New York: Harper Perennial, 1983.

Claxton, Guy. *Hare Brain Tortoise Mind: How Intelligence Increases When You Think Less.* NY: Harper Collins, 1997.

Csikszentmihalyi, Mihaly. *Flow: The Psychology of Optimal Experience.* New York: Harper & Row Publishers, 1990.

Csikszentmihalyi, Mihaly. *Finding Flow: The Psychology of Engagement with Everyday Life.* New York: Harper & Row Publishers, 1997.

Cudney, Milton, and Robert Hardy. *Self-Defeating Behaviors: Free Yourself from the Habits, Compulsions, Feelings, and Attitudes That Hold You Back.* New York: Harper Collins Publishers, 1991.

Davis, Ron D. *The Gift of Dyslexia: Why Some of the Smartest People Can't Read and How They Can Learn.* San Juan Capistrano, CA: Ability Workshop Press, 1994.

Dennison, Gail E., Paul E. Dennison, and Jerry V. Teplitz. *Brain Gym for Business: Instant Brain Boosters for On-the-Job Success.* Ventura, CA: Edu-Kinesthetics, 1994.

DePorter, Bobbi. *Quantum Success: 8 Key Catalysts To Shift Your Energy Into Dynamic Focus.* Oceanside, CA: Learning Forum Publications, 2006.

DePorter, Bobbi. *Quantum Business: Achieving Success Through Quantum Learning.* New York: Dell Publishing, 1997.

Dilts, Robert B. *Strategies of Genius: Albert Einstein.* Capitola, CA: Meta, 1994.

Dixon, Norman F. *Preconscious Processing.* Chichester, NY: Wiley, 1981. Dixon, Norman F. *Subliminal Perception: The Nature of a Controversy.* New York: McGraw-Hill, 1971.

Dryden, Gordon, and Jeannette Vos. *The Learning Revolution: A Life- Long Learning Program for the World's Finest Computer: Your Amazing Brain!* Rolling Hills Estates, CA: Jalmar Press, 1994.

Edelman, Gerald M. *Bright Air, Brilliant Fire: On the Matter of the Mind.* New York: Basic Books, 1992.

Edelman, Gerald M. *Remembered Present.* New York: Basic Books, 1989. Edwards, Betty. *Drawing on the Right Side of the Brain.* Los Angeles: J. P. Tarcher, 1979. Gardner, Howard. *Multiple Intelligences: The Theory in Practice.* New York: Harper Collins Publishers, Inc., 1993. Gelb, Michael. *How to Think like Leonardo da Vinci.* New York:

Delacourte Press, 1998.

Goleman, Daniel. *Emotional Intelligence: Why It Can Matter More Than IQ*. New York: Bantam, 1995.

Gordon, F. Noah. *Magical Classroom: Creating Effective, Brain-Friendly Environments for Learning*. Tucson, AZ: Zephyr Press, 1995.

Harman, Willis, and Howard Rheingold. *Higher Creativity; Liberating the Unconscious for Breakthrough Insights*. Los Angeles, CA: Jeremy P. Tarcher, Inc., 1984.

Hunt, D. Trinidad. *Learning To Learn: Maximizing Your Performance Potential*. Kaneohe, HI: Elan Enterprises, 1991. Jensen, Eric. *Introduction to Brain-Compatible Learning*. San Diego: The Brain Store, Inc., 1998.

Kandel, Eric R., James H. Schwartz, and Thomas M. Jessell. *Essentials of Neural Science and Behavior*. Norwalk, CN: Appleton & Lange, 1995.

Kline, Peter, and Laurence Martel. *School Success: The Inside Story*. Arlington, VA: Great Ocean Publishers, Inc., 1992.

Kosslyn, Stephen M., and Olivier Koenig. *Wet Mind: The New Cognitive Neuroscience*. NY: The Free Press, 1995.

LaBerge, Stephen, and H. Rheingold. *Exploring the World of Lucid Dreaming*. New York: Ballantine Books, 1991.

LeDoux, Joseph. *The Emotional Brain: The Mysterious Underpinnings of Emotional Life*. New York: Simon & Schuster, 1996.

Levinson, Steve, and Pete C. Greider. *Following Through: A Revolutionary New Model for Finishing Whatever You Start*. NY: Kensington Publishing Corp., 1998.

Margulies, Nancy. *Mapping Inner Space: Learning and Teaching Mind Mapping*. Tucson, AZ: Zepher Press, 1991.

Markova, Dawna. *Open Mind: Exploring the 6 Patterns of Natural Intelligence*. Berkeley, CA: Conari Press, 1996.

Masters, Robert. *Neurospeak: Transforms Your Body While You Read*. Wheaton, IL: Quest, 1994.

McPhee, Doug. *Limitless Learning: Making Powerful Learning an Everyday Event*. Tucson, AZ: Zephyr Press, 1996.

Mindell, Phyllis. *Power Reading: A Dynamic System for Mastering All Your Business Reading*. Englewood Cliffs, NJ: Prentice-Hall, Inc., 1993.

Murphy, Michael. *The Future of the Body: Explorations Into the Further Evolution of Human Nature*. NY: Tarcher/Putnam, 1992.

Norretranders, Tor. *The User Illusion: Cutting Consciousness Down To Size*. NY: Penguin Books, 1998. Ornstein, Robert. *The Right Mind: Making Sense of the Hemispheres*. NY: Harcourt Brace & Company, 1997.

Ostrander, Sheila, and Lynn Schroeder, with Nancy Ostrander. *Super- Learning 2000*. New York: Delacorte Publishing, 1994.

Perkins, David. *Outsmarting IQ: The Emerging Science of Learnable Intelligence*. New York: Free Press, Simon & Schuster, 1995.

Pert, Candace B. *Molecules of Emotion: Why You Feel the Way You Feel*. New York: Scribner, 1997.

Pinker, Steven. *How the Mind Works*. Pinker, Steven. New York: Norton, 1997.

Promislow, Sharon. *Making The Brain Body Connection: A playful guide to releasing mental, physical, and emotional blocks to success*. West Vancouver, BC, Canada: Kinetic Publishing Corporation, 1999.

Promislow, Sharon. *Putting Out The Fire Of Fear: Extinguish the burning issues in your life*. West Vancouver, BC, Canada: Enhanced Learning & Integration Inc., 2002.

Ramachandran, F.S., and Sandra Blakeslee. *Phantoms In The Brain: Probing the Mysteries of the Human Mind.* New York: Morrow, 1998.

Restak, Richard M. *The Modular Brain: How New Discoveries in Neuroscience Are Answering Age-Old Questions About Memory, Free Will, Consciousness, and Personal Identity.* New York: Macmillan, 1994.

Robinson, Adam. *What Smart Students Know: Maximum Grades. Optimum Learning. Minimum Time.* New York: Crown, 1993.

Rose, Colin, and Malcolm Nicholl. *Accelerated Learning for the 21st Century: The Six-Step Plan to Unlock Your Master-Mind.* NY: Delacorte Press, 1997.

Scheele, Paul. *The PhotoReading Whole Mind System.* Minnetonka, MN: Learning Strategies Corporation, 1997 (2nd ed.).

Scheele, Paul. *PhotoReading Personal Learning Course.* Minnetonka, MN: Learning Strategies Corporation, 1995.

Scheele, Paul. *Natural Brilliance: Move from Feeling Stuck to Achieving Success.* Minnetonka, MN: Learning Strategies Corporation, 1997.

Scheele, Paul. *Natural Brilliance Personal Learning Course.* Minnetonka, MN: Learning Strategies Corporation, 1997.

Secretan, Lance. *One: The Art and Practice of Conscious Leadership.* Caledon, Ontario, Canada: The Secretan Center, Inc., 2006.

Seigel, Robert Simon. Six Seconds to True Calm. Santa Monica, CA: Little Sun Books, 1995.

Shlain, Leonard. The Alphabet Versus the Goddess: The Conflict Between Word and Image. New York: Viking, Penguin Group, 1998.

Smith, Frank. *Reading Without Nonsense. 2nd ed.* Columbia University, New York: Teachers College Press, 1985.

Smith, Frank. *To Think.* Columbia University, New York: Teachers College Press, 1990.

Sprenger, Marilee. *Learning and Memory: The Brain in Action.* Alexandria, VA: Association for Supervision and Curriculum Development, 1999.

Squire, Larry R., and Kandel, Eric R. *Memory: From Mind to Molecules.* NY: Henry Holt and Company, 2000.

Stauffer, Russell. *Teaching Reading as a Thinking Process.* New York: Harper & Row, 1969.

Suzuki, Shunryu. *Zen Mind, Beginner's Mind.* New York: John Weatherhill, Inc., 1970.

Talbot, Michael. *The Holographic Universe.* New York: Harper Collins Publishers, 1991.

Vaill, Peter. *Learning As A Way Of Being: Strategies for Survival in a World of Permanent White Water.* CA: Jossey-Bass Publishers, 1996.

Watzlawick, Paul. *Ultra-Solutions: Or How to Fail Most Successfully.* New York: W.W. Norton & Company, 1988.

Wenger, Win. *Discovering the Obvious.* Gaithersburg, MD: Project Renaissance, 1998.

Wenger, Win, and Richard Poe. *The Einstein Factor: A Proven New Method for Increasing Your Intelligence.* Rocklin, CA: Prima, 1996.

Wilber, Ken. *Integral Psychology: Consciousness, Spirit, Psychology, Therapy.* Boston, MA: Shambhala Publications, 2000.

Wise, Anna. *The High-Performance Mind.* New York: Tarcher, Putnam, 1997.

Wolinsky, Stephen. *Trances People Live: Healing Approaches in Quantum Psychology.* Falls Village, CT: The Bramble Company, 1991.

Wurman, Richard Saul. *Information Anxiety.* New York: Doubleday, 1989.

Wycoff, Joyce. *Mind Mapping.* New York: Berkley Books, 1991.